일타강사 신다혜의
최단루트 영어공부법

일타강사 신다혜의

최단루트
영어공부법

신다혜 지음

How to study English with the shortest route

"당신도 영어로 인생 역전할 수 있다!"

10년을 해도 안 되는 영어,
6개월 만에 입이 트인 생생 영어 정복기

창작시대사

동경에서 일상이 된 영어

There are no great people in this world, only great
challenges which ordinary people rise to meet.
                              - William Frederick Halsey, Jr.

이 세상에 위대한 사람은 없다. 단지 평범한 사람들이 일어나 맞
서는 위대한 도전이 있을 뿐이다.   - 윌리엄 프레데릭 홀시

포기만 하지 않으면 기회는 반드시 옵니다!

영어 40점짜리가 어떻게 지금은 영어로 강의하는 영어 강사가
될 수 있었을까요?

아무리 공부해도 영어 실력은 제자리였습니다.

'포기하지만 말자'라는 마인드로 살다 보니 저에게도 기회가 찾
아왔습니다.

훌륭한 선생님, 교수님을 만나 영어를 극복할 수 있었습니다.

영어로 인해서 제 인생을 180도 바꿀 수 있었고 인생에 대해서
도 많은 것을 배우는 계기가 되었습니다.

예상치 못했던 기회들이 줄줄이 찾아왔습니다.

미군부대 근무, 미국 해외 취업, 해외영업과 같이 영어를 활용할 수 있는 일을 경험할 수 있었습니다.

결국 영어를 쫓다가 지금은 영어 강사로 일하고 있습니다.

영어로 어려움을 겪는 사람들에게 동기부여와 함께 힘들더라도 절대 포기하지 말라고 응원하고 싶습니다.

미국인으로 다시 태어나야 하는 걸까?

"영어로 말을 할 수 있다고? 난 아마 평생 안 될 거야. 미국인으로 다시 태어나야 해"

영어로 말 한마디 못 하던 시절.

내가 영어로 의사소통을 하고 영어로 강의할 수 있을 거라고는 상상도 못 했었다.

항상 '언어적 감각은 타고나야 해', '영어는 노력해도 안 돼'라는 생각으로 살았다. 영어는 나와 관련이 없고 내 힘으로는 아무리 노력해도 안 되는 영역이라고만 생각했다.

하지만 내 생각이 틀렸다.

영어는 올바른 방법으로 공부하고 꾸준함만 뒷받침된다면 누구나 될 수 있다.

누구나 영어를 읽고 듣고 말하고 쓸 수 있다. 단, 중간에 절대 포기하지 않겠다는 마음가짐으로 해야 한다.

드라마 '이태원 클라쓰' 중에서 가장 인상 깊었던 장면이 생각난다.

주인공 박새로이가 이야기하는 장면이다.

"내 가치를 네가 정하지 마! 내 인생은 이제 시작이고, 난 원하는 거 다 이루면서 살 거야."

영어뿐만 아니라 잘 안 되는 분야가 있더라도 실패한 것이 아니다. 단지 시행착오를 겪는 과정일 뿐이다.

자신의 능력에 한계를 두지 않았으면 한다.

타고나지 않았으면 될 때까지 노력하면 된다.

내가 영어에 한계를 두지 않았다면 더 빨리 극복할 수 있지 않았을까? 하는 생각이 든다.

계속 노력하면 언젠가는 기회가 찾아온다.

여러분은 언젠가 찾아올 그 기회를 부디 놓치지 않기를 바란다.

지금 영어가 여러분의 발목을 잡고 있다면 이 책을 읽고 다시 한번 다짐하고 이겨낼 수 있는 원동력이 되었으면 좋겠다.

뻔뻔함과 자신감이 전부다

'영어로 말하는 것이 부끄럽고 두려워', '틀릴까 봐 영어로 말하는 것이 창피하다'라는 생각을 버려야 한다.

우리는 교포나 원어민이 아니므로 영어를 못하는 것은 당연하다. 가장 중요한 것은 잘하지 못하더라도 아무 말이나 내뱉을 수 있는 뻔뻔함과 자신감이다. 완벽하게 할 필요가 없다. 의사소통만 된다면 문제없다.

주로 읽기 공부에만 익숙하기에 부끄러울 수 있지만 일단 주변 친한 사람들 아무나 붙잡고 이야기해 보는 것부터 시작했으면 좋겠다. 그다음 언어교환이라든지 영어 공부와 같은 모임에 참여하는 것이 좋다. 외국인들이 있거나 영어를 공부하고자 모인 사람들과 함께 있으면 시너지가 발생하기 때문이다.

또한 영어를 잘하고 싶다면 정말 사소한 것이라도 영어를 사용할 수 있는 환경설정을 만드는 것이 중요하다. 나는 스마트폰과 컴퓨터의 언어를 영어로 설정해 놓았다. 일상생활 속에서 익숙해지도록 연습하는 방법 중 하나이다.

그리고 하루를 정리하면서 한 문장이라도 영어로 써보는 것도 좋다. 아니면 관심 있는 주제에 대해서 간단하게 글을 써보는 것이다.

이렇게 1~2문장이 쌓여 10문장이 되고 100문장이 될 수도 있다.

사소한 것부터 습관을 들이는 것이 중요하다.

나 같은 사람도 영어를 했다

학창 시절에 나는 영어보다 수학을 더 좋아했다. 공부해도 끝이 없는 국어나 영어보다는 원리와 공식만 파악하면 다 풀 수 있는 수학에 더 흥미가 있었다. 그래서 언어적 감각이 있는 친구들을 참 부러워했다.

영어를 습득하는 것도 느렸고 익숙해지기까지 시간이 오래 걸렸다. 중간에 포기하고 싶었던 적도 많았지만, 꼭 하고야 말겠다는 오기가 있었다. 외국인과 대화를 하는 사람들이 너무 부러웠고 영어와 관련된 직업을 가진 사람들이 멋있어 보였기 때문이다.

결국은 해냈고 영어로 인해서 나는 생각지도 못했던 기회들을 얻을 수 있었다.

영어로 인해 내 인생이 완전히 뒤바뀌어 버렸다. 내가 꿈꾸던 대로 해외에서도 일해보고 현재는 영어 강사로서 일하고 있다.

나 같은 사람도 영어를 했는데 여러분들이라고 못할 게 없다고 생각한다.

영어를 정복하기 위해 고군분투했던 나의 경험들과 영어 공부법에 대해서 공유하고 싶다.

신다혜

C O N T E N T S

Chapter 1
6개월 만에 입이 트이는 영어 공부법

Chapter 2
나의 고군분투 영어 정복기

지금은 포기하지 않아서 너무 다행이라는 생각이 든다.

만약 영어를 포기했다면 무수히 많은 기회를 놓쳤을 것이다.

영어를 사용할 수 있으면 생각지도 못한 기회들을 얻을 수 있고

여러분의 인생이 바뀔 수도 있다.

Chapter 1

6개월 만에 입이 트이는
영어 공부법

영어는 끊임없는 훈련이다!

영어는 고무줄과 같다고 한다. 꾸준히 해야 한 단계씩 업그레이드된다. 만약 중간에 포기하거나 꾸준히 하지 않으면 원점으로 돌아온다는 뜻이다.

영어 공부를 시작할 때 지루하기도 하고 실력도 금방 늘지 않아서 포기하는 사람들이 많다. 실력이 한 단계 업그레이드될 때까지가 오래 걸리기 때문이다. 하지만 첫 번째 임계점만 넘으면 영어에 대한 자신감과 흥미가 생기게 된다.

영어는 공부가 아니라 운동훈련과 같다는 말도 있다. 단기간에 벼락치기로 끝낼 수 있는 것이 절대 아니다. 한 나라의 언어를 배운다는 것은 쉬운 일이 아니다. 모국어로 말을 조리 있게 하거나 글을 쓰는 데에도 어려움을 느끼지 않는가.

운동을 장기간으로 꾸준히 하면서 건강해지고 몸매가 좋아지는 것이 느껴지듯이 외국어도 마찬가지다.

외국어도 매일 단 5분~10분이라도 꾸준히 한다면 어느 순간 자기도 모르게 실력이 늘어 있는 모습을 볼 수 있을 것이다.

우리는 원어민이 아니다. 영어를 완벽하게 할 필요도 없고 조금 부족하더라도 주눅들 필요가 없다.

완벽하지 않아도 된다는 마음으로 자신감을 갖는 것이 더 중요하다.

누구나 영어를 할 수 있다. 못하는 것이 아니라 방법을 몰라 안하는 것이다. 나 또한 내가 미국에 가리라고는 상상도 못 했고 영어로 먹고살 줄은 몰랐다. 여러분들도 영어를 통해 생각지도 못한 새로운 기회들을 얻게 되는 경험을 꼭 해보길 바란다.

6개월만 꾸준히 공부해보기를 바란다. 아니면 3개월, 단 1개월만이라도 '작심한달'로 모두 원하는 목표에 도달했으면 하는 바람이다.

영어 공부법에 대해 알아보기 앞서서 영어 공부를 어떤 마음으로 어떻게 해야 하는지에 대한 다짐부터 세워보자.

1) 하루 5분이라도 꾸준히 하기

영어는 절대로 몰아서 벼락치기로 할 수 없다. 매일 5분이라도 꾸준히 하는 것이 중요하다. 5분 동안 할 수 있는 영어 공부가 많다. 영어 관련 유튜브 보기, 영어 팟캐스트 듣기, 팝송 듣기, 예문 하나 만들어보기, 단어 외우기 등 단 5분이라도 공부할 것들이 넘쳐난다. 무의식적으로 영어를 듣고 있는 것 또한 효과가 있다고 한다. 매일 5분이라도 영어를 접하면서 습관을 만들어보는 것이 좋다.

2) SNS에 공유하기

영어 공부를 하면서 블로그나 인스타그램과 같은 SNS에 공유하는 것을 강력히 추천한다. 나 또한 블로그에 내가 공부한 영어 표현, 다짐을 올린다. 그러면 내가 게시한 영어 포스팅을 보고 도움을 받는 사람들도 있고 동기부여를 받는 사람들도 있다. 그리고 내 이웃들과 다른 사람들이 보고 있으므로 책임감을 느끼게 된다. 중간에 포기할까 하는 생각이 들다가도 블로그에 다짐한 목표를 생각하면서 더 꾸준하게 할 수 있는 원동력이 생긴다.

3) 기간 및 횟수를 정하기

영어 공부를 할 때 기간 및 횟수를 정해 놓고 해야 한다. 그래야 느슨해지지 않는다. 기한을 정해 놓고 하루하루 몇 분 또는 몇 시간을 할 건지 생각해야 한다. 특히 영화, 드라마, TED 강의 보기와 같은 영어 듣기·말하기는 기간을 정해 놓지 않는다면 흐지부지될 가능성이 크다.

4) 혼자보다는 영어모임 참여하기

　영어를 처음 시작하는 사람들에게 특히 혼자 공부하는 것보다는 여러 명이 함께 다 같이 공부하는 것을 추천한다. 서로에게 동기부여가 될 수 있으며 공부법을 공유할 수도 있기 때문이다. 내가 잘하고 있는지 잘못된 방법으로 공부하고 있는지 또한 판단할 수 있다. 영어원서 읽기, 영어 회화, 외국인 친구 만들기 등 영어와 관련된 모임이 정말 많다. 요즘에는 온라인으로도 많이 하므로 온라인, 오프라인 상관없이 모임에 참여해보기를 바란다. 영어를 공부하겠다는 같은 목표가 있는 사람들이 모여 시너지를 만들 수 있을 것이다.

5) 포기하지 않기

　절대 포기하지 않아야 한다. 중간에 힘들면 조금 쉬어 가도 좋다. 하지만 글로벌 시대에 영어를 못한다는 것은 많은 기회를 놓칠 수도 있다. 나도 영어를 처음 배울 때 그리고 실력이 생각만큼 늘지 않을 때 포기하고 싶었던 순간이 많다. 하지만 다시 마음을 다잡고 스스로 동기부여를 자꾸 만들었던 것 같다. 지금은 포기하지 않아서 너무 다행이라는 생각이 든다. 만약 영어를 포기했다면 무수히 많은 기회를 놓쳤을 것이다. 영어를 사용할 수 있으면 생각지도 못한 기회들을 얻을 수 있고 여러분의 인생이 바뀔 수도 있다. 슬럼프에 빠진다면 잠시 쉬어 가도 좋다. 대신에 포기는 하지 말자.

지금부터 내가 직접 경험하면서 터득한 영어 공부법을 소개하겠다.

이것저것 여러 가지 시도해보면서 시행착오도 많았다.

물론 내가 말하는 영어 공부법이 완벽한 정답이라고 할 수는 없다. 하지만 내가 설명하는 방법에 따라 차근차근 공부한다면 시간 낭비를 하지 않고 실제로 사용할 수 있는 영어를 재미있게 배울 수 있게 될 것이다.

영어의 기초를
탄탄히 다져보자

영어 공부에 있어서 가장 기본적으로 갖춰야 할 것은 무엇일까? 모국어는 듣기 -〉 말하기 -〉 읽기 -〉 쓰기 순으로 습득하지만 외국어는 읽기 -〉 듣기 -〉 말하기 -〉 쓰기 순으로 언어를 습득한다고 한다.

첫 번째 읽기 능력 즉, 리딩을 먼저 탄탄히 다져 놓아야 그다음이 쉽다. 리딩을 잘 하기 위해서는 단어, 구문, 문법을 반복 훈련해야 한다.

이에 관한 공부 방법에는 어떤 것들이 있을까?

지금부터 설명하겠다.

● 시각효과 : 눈에 잘 보이는 곳에 영어단어 붙여 놓기

영어는 단어싸움이다. 단어는 가장 기본이며 단어를 모르면 구문을 알아도 독해지문을 봐도 해석을 할 수 없다.

그런데 단어는 외워도 외워도 끝이 없고 외운다고 하더라도 금세 까먹곤 한다. 그래서 눈에 잘 보이는 곳에 안 외워지는 단어들을 붙여 놓는 방법이 있다. 공부하는 책상 앞이나 방문, 화장실 거울, 현관문 등에 단어들을 붙여 놓으면 의도하지 않더라도 저절로 보게 되는 경우가 있다.

공부할 때는 시각효과와 반복이 굉장히 중요하다. 단어를 외울 때도 물론 적용되기 때문에 이 방법을 적극적으로 추천한다. 학창시절 수능 공부를 할 때 또는 토익 공부와 같이 시험 대비를 할 때 단기간에 효과적이다.

나는 천장에도 붙여 놓고 잠들기 전에 보기도 했다. 내가 의도하지 않더라도 저절로 볼 수 있어서 자연스럽게 공부가 된다.

● 동의어를 함께 외우면 10배 효율이 난다

단어를 외울 때 효율적인 방법은 동의어를 함께 외우는 것이다. 얼핏 보면 시간이 너무 많이 걸리는 거 아닌가 하는 생각이 들수 있지만 10배의 효율을 낼 수 있다. 같은 뜻의 단어들을 많으면 4~5개 적으면 2~3개 정도 더 외우는 것이다.

국어이든 영어이든 상관없이 잘 쓰인 글을 보면 절대 똑같은 단어를 반복해서 쓰지 않는다. 동시에 여러 동의어를 같이 외운다면 나중에 글을 쓸 때 도움이 많이 될 것이다.

예를 들어 '놀라운', '멋진'이라는 단어를 반복해서 쓰는 경우 wonderful, amazing, nice, great 등 같은 뜻의 단어들을 한 문단에서 바꾸어 가며 쓸 수 있다. 또한 '~대해서/관해서'라는 대표적인 단어 하면 about이라고 할 수 있다. about 이외에도 regarding, when it comes to, concerning, with regard to, in regard to 등의 동의어를 같이 외우는 것이다.

단어 하나 외우는 데도 어려운데 동의어까지 어떻게 암기하냐고 할 수 있을 것이다.

하지만 영어를 그저 시험 보기용으로 생각하지 않았으면 좋겠다.

수능을 위한 공부 그리고 토익·오픽·텝스와 같이 시험 볼 때만 잠깐 벼락치기로 공부한다면 전혀 발전이 없을 것이다.

영어는 평생 공부한다고 생각해야 한다. 그래서 이왕이면 처음 배울 때 늦더라도 차근차근 기초를 잘 쌓는 것이 중요하다. 장기적으로 생각하고 실제로 읽고 듣고 쓰고 말할 수 있어야 한다.

더는 단기간에 점수만 내는 수박 겉핥기식 영어 공부는 없어져야 한다.

영어를 단순히 시험 보기 위해서만이 아니라 실생활에서 사용할 줄 알아야 한다.

이 방법으로 단어를 외웠기 때문에 글을 읽을 때도 더 쉽게 이해할 수 있었다. 그리고 영어 작문을 할 때도 동의어를 같이 외운 덕분에 그때그때 적절하게 단어를 사용해 좋은 글을 쓸 수 있게 되었다.

처음에는 시간이 오래 걸리는 것 같지만 단어를 외우면 외울수록 똑같은 단어, 비슷한 단어를 자주 볼 수 있을 것이다. 그렇다면 시간도 절약되고 암기력은 상승하고 10배의 효율이 날 수 있다.

● 영어잡지나 영자신문으로 나만의 단어장 만들어 보기

이번엔 조금 더 심화 단계로 들어가 보자. 일상생활에서 많이 쓰이는 영어단어들은 그리 어렵지 않다.

평소 외우던 단어장을 다 외웠다면 혹은 조금 더 실력을 높이고 싶다면 영어잡지 〈TIMES〉나 〈Economics〉 또는 〈New York Times〉와 같은 영어신문에 있는 단어들로 나만의 단어장을 만들어 보자.

영어잡지나 영자신문을 한 번이라도 본 사람은 알 것이다. 한 단락에도 모르는 단어가 대부분이다. 게다가 정치, 경제, 사회문제 등을 다룬 글이기 때문에 호락호락한 단어들이 아니다. 단어들을 다 찾고 한글로 해석을 해본다고 하더라도 잘 이해가 되지 않는 경우가 많다.

해석까지는 잘 안 되더라도 단어나 숙어들을 찾아 직접 단어장을 만드는 것도 좋은 방법이다.

시중에 나오는 단어장을 어느 정도 이미 공부했다면 또는 변화를 주고 싶다면 모르는 영어단어들이 나올 때마다 적어 놓는 것이다. 꼭 영어잡지나 신문이 아니더라도 독해지문이나 기사를 읽다가 모르는 단어들이 나오면 그때그때 기록해 놓으면 된다.

이처럼 단어를 여러 가지 방법으로 외운다면 분명 좋은 결과를 얻을 수 있을 것이다.

● 문법, 구문 책은 평생 하나만 있으면 된다

집에 쌓여 있는 영어책들이 많을 것이다. 문법, 구문, 독해, 토익책 등 기분 내키거나 기존 책들이 질리면 사는 경우가 많다. 그런데 그중에서도 문법, 구문 책의 경우는 사실 한 권만 사서 평생 반복해서 보면 된다.

1) 해석 중심으로 문법 공부하기

영어는 한 나라의 언어이다. 한글 문법도 여러 종류가 있지 않듯이 영어도 수능 동명사 따로 있고 토익 동명사가 따로 있지 않다.

시험 유형이 어디에 더 중점적으로 나오는지가 다를 뿐이지 동명사는 그냥 하나이다. 그래서 제대로 된 문법책 하나만 공부하면 수능이든 토익이든 모든 문제를 다 풀 수 있다.

시중에 파는 책들이 넘쳐난다. 독학하기 어렵다면 EBS나 유료 인터넷 강의를 듣는 것을 추천한다.

결론적으로 최종 목표는 영어를 해석할 줄 알아야 한다. 독해가 되려면 문법, 구문을 정확하게 공부해야 한다. 문법이 뭐가 중요하냐고 하는 사람들이 종종 있는데 문법은 가장 기본적으로 탄탄하게 잡혀 있어야 한다.

해석이 되는 문법을 배워야 한다. 그래야 정밀한 해석·독해가 가능하다.

해석이 되는 문법이란 문법 용어에 집착하기보다는 해석에 초점을 두고 공부를 하는 것이다.

예를 들어, 관계대명사를 공부할 때 주격, 목적격, 계속적 용법 이런 말들 때문에 시작하기도 전에 지친다. 또 이런 용어들이 이해가 가지 않아 찾아보다가 지치고 결국엔 영어에 싫증을 느끼고 원점으로 돌아온다.

아래와 같이 해석법을 정확히 파악하고 연습해야 한다. 그리고 문법 문제로는 '명사 who 뒤에는 V, 명사 whom 뒤에는 S+V가 나오는구나'라고 파악만 하면 된다.

① 명사 Who V : V하는 명사

I have a daughter who is a student.
(나는 학생인 딸이 있다)

She has a friend who majored in economics
(그녀는 경제학을 전공한 친구가 있다)

② 명사 Whom S+V : S가 V하는 명사

She knows a boy whom I liked
(그녀는 내가 좋아했던 소년을 안다)

They saw a famous singer whom Ellen worked with
(그들은 Ellen이 함께 일했던 유명한 가수를 보았다)

이런 식으로 예문을 보면서 해석 연습을 하는 것이 중요 포인트
이다. 그리고 문법 유형이 어떻게 나오는지 파악하면 된다. 한 번
해석해 보고 그냥 넘어가는 것이 아니라 체화될 수 있도록 보고 또
보면서 반복하는 것이 가장 중요하다.

2) 구문 파악 연습 및 정리하기

다음으로 구문을 파악해야 한다. 구문이란 영어의 문장 구조를 파
악하고 문장 하나하나 해석하는 법을 집중적으로 공부하는 것이다.

문법을 이해한 다음 여러 가지 예문으로 구조 파악 연습부터 하고 독해를 하면 훨씬 더 빠른 속도로 영어를 읽을 수 있게 된다. 예를 들면, 관계대명사, 가정법과 같이 문법별로 여러 가지 예문을 통해 어떻게 해석해야 하는지를 연습해야 한다.

① 관계대명사

I have a book/which[that] was written by him
(나는 책을 가지고 있다/그에 의해서 쓰여진)

He has a car/which[that] is good.
(그는 차를 가지고 있다/좋은)

This is the house/in which I live
(이것은 집이다/내가 사는)

② 가정법

If I were you, I would study hard
(만약 내가 너라면, 나는 열심히 공부할 텐데)

If I had had some food, I would not have been hungry
(만약 내가 음식을 먹었다면, 나는 배고프지 않았을 텐데)

If they knew about it, he would meet them
(만약 그들이 그것에 대해 안다면, 그는 그들을 만날 텐데)

이처럼 다양한 예문들을 통해서 구조 파악을 하고 해석 연습을 하는 것이다.

짧은 문장이라고 해서 만만하게 보지 않기를 바란다.

한글로 봤을 때 영어로 바로 작문하고 말할 수 있는가? 아니라면 내용을 안다고 해서 다 아는 것이 아니다. 문장을 계속 반복해서 해석해봄으로써 체득화를 시켜야 한다. 나아가 영어로 연습이 어느 정도 되었다면 한글 해석본을 보고 영어로 떠올리는 연습을 해라. 그렇다면 해석뿐만 아니라 작문 연습까지도 함께 할 수 있는 것이다.

● 〈TIMES〉 5번만 읽어라

영어 문법, 구문 해석법이 어느 정도 기초가 잡혔다면 독해 공부를 해야 한다.

사실 단어, 문법, 구문, 독해 공부를 한꺼번에 같이 하는 것이 좋지만 한 번에 하기가 너무 버겁다면 우선 단어, 문법, 구문 먼저 공부하고 다음에 독해를 공부하는 것을 추천한다.

연습하는 과정에서는 독해도 한 번 읽고 대충 내용 안다고 해서 넘어가는 것이 아니라 한 문장을 읽더라도 어떤 구조로 되어 있는지 해석을 어떻게 해야 하는지 파악하는 것이 좋다.

나는 'TIMES 5번 읽어보기' 방법을 추천한다. 꼭 TIMES가 아니어도 좋다. 영어잡지 하나 사서 5번 해석해 보면 실력이 많이 향상되어 있을 것이다.

앞서 영어잡지로 모르는 단어 찾고 단어장을 만들어 보기를 추천했다. TIMES와 같은 시사, 경제, 사회와 같은 어려운 내용이어서 모르는 단어들이 많을 것이다.

단어들을 먼저 다 찾은 뒤 해석을 해본다. 처음엔 어렵더라도 2번째 읽을 때 3번째 읽을 때 느낌이 다를 것이다. 나 또한 이 방법으로 5번 읽어보고 10번 읽어보고 했더니 영어 실력이 많이 향상되었다.

어려운 지문으로 공부해서 그런지 TIMES를 읽고 난 후엔 웬만한 문장은 해석이 쉬웠다.

내용을 안다고 해서 자만하지 말고 해석 연습을 위해 봤던 문장을 계속해서 반복하기를 바란다.

● 하루에 한 장 쉬운 영어원서 읽기

영어원서를 읽는 것 또한 많은 표현을 배울 수 있고 배경지식을 넓길 수 있이 도움이 된다.

영어 수준은 사람마다 천차만별이라 그에 맞는 원서가 다를 수 있다. 자신이 흥미 있는 분야나 서점에서 원서들을 훑어보면서 찾는 것도 좋다. 단, 모르는 단어가 50% 이상인 원서는 피하는 것이 좋다.

만약 어떤 원서를 읽어야 할지 모르겠다면 나에게 맞는 영어원서 추천해주는 사이트가 있다. 〈Oxford Graded Readers 학생용 자료 사이트〉로 들어가면 수준을 파악해볼 수 있다.

원서를 읽는 것에 익숙하지 않은 사람이라면 처음부터 너무 어려운 원서를 읽는 것은 금방 지치거나 포기할 수 있으니 쉬운 원서를 읽는 것을 추천한다.

다음은 추천하고 싶은 몇 가지 공부하기에 좋은 원서 리스트이다.

1) Harry Potter ; 해리포터

해리포터는 워낙 유명해서 모두 다 알 것이다. 영화로도 유명한 해리포터를 원서로 읽으면 영국식 영어 표현까지 같이 익힐수 있다.

2) The notebook ; 노트북

노트북 또한 영화로도 정말 유명하다. 영화를 보고 원서를 읽는다면 더욱더 재밌게 볼 수 있을 것이다. 간결하고 유용한 문장들과 아름다운 표현이 많이 나와 있다.

3) The present ; 선물

선물은 한 소년이 성인으로 성장하며 '세상에서 가장 소중한 선물'을 찾아가는 내용의 원서이다. 생활영어 단어들이 많이 포함되어 있고 세계적으로 유명한 베스트셀러이다.

4) Charlotte's web ; 샬롯의 거미줄

미국 초등학생의 추천 도서이기도 한 〈샬롯의 거미줄〉은 미국인들이라면 한 번쯤은 읽어봤을 원서이다. 난이도가 그리 높지 않아 영어원서가 어려운 초급자에게 추천한다.

전 세계적으로 그리고 한국에서 유명한 원서들이다. 이 외에도 재미있는 원서들이 많다. 특히, 영화를 바탕으로 한 원서들을 읽는 것이 더 쉽게 읽힐 수 있다. 영화를 한 번 보고 나면 내용은 알고 있으므로 더욱 이해하기가 쉬울 수 있다.

시간이 없거나 부담스럽다면 하루에 한 장씩이라도 읽어 보자. 영어 습관도 쌓이고 부담도 없고 어느 순간 마지막 장을 읽고 있는 자신을 발견할 것이다. 그러면 굉장히 뿌듯한 느낌이 든다.

방구석에서 원어민처럼 말할 수 있는 방법

영어를 제대로 사용하고 들을 수 있으려면 원어민 발음에 익숙해져야 한다.

아마 수능이나 기본적인 테스트 중심의 영어 듣기만 하다가 미드나 실제 원어민 발음을 들어 보면 하나도 못 알아듣는 자신을 발견할 수 있을 것이다.

요즘에는 유튜브, 라디오, 어플, 팟캐스트 등 너무도 많은 영어 공부 매체가 있기 때문에 조금만 관심을 갖고 활용한다면 따로 학원에 다니거나 유료 인터넷 강의를 들을 필요가 없다.

외국에 가지 않고 방구석에서도 원어민처럼 말할 수 있는 방법들을 소개한다.

● EBS 영어 라디오 활용하기

첫 번째로 EBS 영어 라디오 듣는 것을 추천한다. EBS는 초급부터 고급까지 단계별로 다양하게 잘 나와 있어 공부하기가 아주 좋다. 약 15분~20분 정도여서 부담스럽지도 않다. 출퇴근길에 들으면 영어 공부도 하고 시간 낭비도 덜 되고 일석이조이다. 특히 뮤직 서비스 앱 '멜론Melon'을 사용하는 사람들이라면 꼭 듣기를 바란다. 멜론에는 EBS 어학 라디오가 있어 쉽게 들을 수 있기 때문이다.

영어 회화, 비즈니스 회화, 영어 뉴스, 영문법 등 분야도 다양하게 있어서 평소에 공부하고 싶었던 것이나 부족하다고 생각했던 것을 골라 들으면 좋다.

딱딱한 읽기 문법 공부가 아니라 진행자들이 재미있게 설명해주는 듣기·회화 중심이라서 영어에 재미도 붙일 수 있다. 나도 EBS 영어 라디오를 몇 년째 계속 듣고 있다. 영화나 미드는 시간을 내서 공부해야 하는데 영어 라디오는 하루 20분만 투자하면 되기 때문에 쉽게 공부할 수 있어서 꾸준히 할 수 있었던 것 같다.

그리고 한국에서는 영어를 쓸 일이 많이 없어서 영어를 활용할 수 있는 환경설정을 만드는 것이 중요하다.

하루 20분이 적어 보이지만 1년이 되고 2년이 되면 영어 실력이 많이 향상되어 있을 것이다.

아래 초급부터 중급까지의 몇 가지 프로그램을 소개하겠다. 어떤 것부터 시작해야 할지 모르겠다면 아래 순서대로 들어보는 것을 추천한다.

1) EASY English ; 이지 잉글리쉬

초급자는 EASY English부터 들으면서 어떤 식으로 진행되는지 파악해보기를 바란다. 실생활에서 이루어지는 대화 지문, 주요 회화 구문, 핵심 단어 예문 연습, 세 문장 정도 영작해보기로 구성되어 있다. 메인 대화 지문이 짧은 편이어서 초급자에게 추천한다.

2) 귀트영 ; 귀가 트이는 영어

귀트영귀가 트이는 영어은 사람들과 인터뷰한 내용이나 인터넷에 있는 대화문이나 기사 등의 영어를 들려준다. 그리고 주요 문법 및 표현들을 설명해준다. 본문에 나온 표현을 이용해서 문장 5개를 만들어 보는 연습도 한다.

3) 입트영 ; 입이 트이는 영어

입트영입이 트이는 영어은 청취자가 신청하는 주제 위주로 다양한 분야에 대한 정보 글을 지문으로 한다. 한글과 영문을 각각 보여주고 글에 쓰인 표현과 예문을 설명해준다. 그다음 간단한 대화문으로 표현 하나를 더 보여준다. 그리고 배운 표현을 이용해 영작해보는 파트로 구성되어 있다. '입트영'이지만 방송을 직접 들으면서 따라 하지 않는 이상 교재만 보고서는 회화가 늘기에 부족할 것이다. 듣고 나서 직접 입으로 소리 내어 연습해 보자.

4) Power English ; 파워 잉글리쉬

Power English파워 잉글리쉬는 100% 영어로 진행된다. 대화 지문, 대화 지문에 나온 어휘, 예문까지 모두 영어로 설명해준다. 입트영이랑 비슷한 구성이지만 난이도가 더 있고, 표현들이 이걸 과연 쓸까? 할 정도로 어렵고 생소한 단어들이 많다. '중급 영어 회화'라고 하지만 사실 '고급 영어 회화' 수준에 가깝다.

이 네 가지 교재 이외에도 어휘, 영문법, 비즈니스 회화까지 다양한 것들이 많다.

자기에게 맞는 교재를 골라 꾸준히 한다면 효과가 있을 것이다. 나도 몇 년간 꾸준히 들은 결과 어휘력도 늘고 듣기 능력도 많이 향상되어있다.

● 아리랑뉴스 10분 공부법

아리랑뉴스 10분 공부법을 소개한다.

보통 뉴스 하면 CNN, BBC를 떠올리는 경우가 많다. 그리고 CNN이나 BBC로 공부하다가 어려워서 중간에 포기하는 사람들이 많다. 만약 공부하는 데 어려움을 느낀다면 '아리랑뉴스Arirang News'로 먼저 공부하는 것을 권한다. 아리랑뉴스는 한국 뉴스를 영어로 전달하는 것이다. 한국에서 일어나는 시사, 경제, 사회 뉴스이기 때문에 해외 뉴스보다는 내용 이해가 더 쉬울 것이다. 그래서 처음 시작할 때는 해외 뉴스보다는 아리랑뉴스로 시작하는 것을 추천한다.

또한 앵커의 정확한 발음과 고급 어휘를 배울 수 있는 장점이 있다.

미드나 영화에서는 발음과 억양이 다양하지만, 뉴스는 정확해서 따라 하고 배우기에 좋다. 고급 어휘 또한 사용하기 때문에 어휘 실력을 한층 높일 수 있다.

아리랑뉴스는 하루 10분만 투자하면 된다. 뉴스가 5분도 채 안 되는 것들이 많다.

짧지만 뉴스이다 보니 아무래도 어려운 단어와 구문들이 많다. 내용은 배울 게 많아 유익하다. 유튜브나 아리랑 TV 앱으로 공부할 수 있다. 버스로 이동할 때 또는 걸어 다니면서 언제 어디서든 들을 수 있다. 가장 좋은 점은 유튜브나 앱에 대본이 있으므로 공부하기에 너무 편리하다. 대본을 따로 다운 받을 필요나 프린트할 필요가 없다.

아리랑뉴스 10분 공부법은 아래와 같은 방식으로 한다.

1) 처음 들을 때 대본 보지 않고 들어보기

보통 뉴스 하나당 최소 30초에서 최대 10분 정도가 대부분이다. 처음엔 짧은 뉴스부터 시작해서 점차 긴 뉴스로 공부하는 것이 좋다. 유튜브나 아리랑TV 앱을 이용해 들으면 바로 뉴스 대본을 볼 수 있다. 하지만 처음에는 자막 없이 들어봐라. 앵커 말하는 속도가 진짜 빠를 것이다. 단 30초~2분밖에 안 되는 영상인데도 무척 빨라서 다 못 알아들을 것이다. 뉴스이기 때문에 고급 어휘와 단어들이 많이 나와 어려울 수 있다.

2) 대본 보면서 들어보기

다음엔 대본을 같이 보면서 들어본다. 그래도 모르는 단어가 많거나 말의 속도가 빨라 어려울 수 있다. 앵커가 무엇을 설명하고 있는지 내용을 파악해본다. 잘 몰라도 멈추지 말고 일단 한번 들어본다.

3) 모르는 단어 찾고 정리하기

대본에 모르는 단어 및 구문들을 찾아서 정리한다.

4) 대본을 해석해 보고 다시 들어보기

모르는 어휘 표현들을 찾았으면 다시 대본을 보고 해석해 본다. 해석이 다 끝난 뒤에 다시 들어보고 계속 반복해본다.

5) 종일 틈날 때마다 반복해서 들어보고 쉐도잉해보기

내용을 이해했으면 앵커가 어떻게 발음하는지 듣고 따라 해봐야 한다. 그냥 듣기만 하면 안 된다. 입으로 소리 내어 따라 해야 한다. 한 번에 연속으로 많이 듣기가 지루하거나 힘들다면 하루에 틈날 때마다 들으면 좋다. 5분도 안 되기에 금방 따라 할 수 있고 시간이 많이 들지 않아서 좋다.

6) 쉐도잉한 것을 녹음해 들어보기

쉐도잉하는 것에서 그치지 말고 녹음해서 들어보는 것까지 하면 효과적이다. 내가 발음을 정확하게 했는지 틀린 것이 있는지 직접 들어보면 스스로 피드백이 되기 때문이다. 녹음까지 해서 자신의 발음을 들어보는 것을 추천한다. 영어뿐만 아니라 모든 공부가 습관을 들이는 것이 중요하다. 습관을 들이기 위해선 쉬운 것부터 해 나가야 한다. 그렇게 해야 장기간 꾸준히 할 수가 있기 때문이다. 영어 공부는 장기전이다. 너무 거창하게 생각하지 말고 재미로 생각해보자. EBS 영어 라디오나 아리랑뉴스처럼 짧은 것부터 시작해보자.

● 팟캐스트 활용하기

팟캐스트에도 어학 관련해서 들을 수 있는 프로그램이 다양하게 있다. 어학 공부, 뉴스·시사 등 재미있게 들을 수 있는 토크쇼들이 많이 있다.

팟캐스트의 장점은 관심 있는 분야를 골라 들을 수 있으며 3~5분에서 몇 시간까지 러닝타임이 다양하다는 것이다. 또한 영어를 가르쳐주는 팟캐스트가 정말 많다.

팟캐스트 또한 시간 내서 집중적으로 들을 수 있지만 가볍게 먼저 듣기를 추천한다.

걷거나 어딘가 이동하는 도중에 들으면 좋다. 음악 대신 시간 날때 팟캐스트를 들으면 자투리 시간을 잘 활용할 수 있을 것이다.

하루에 낭비하는 시간이 은근 많다. 5분, 10분이라도 듣는다면 시간도 아끼고 영어 공부도 같이 할 수 있을 것이다.

내기 즐거 듣거나 공부하는 팟캐스트 몇 가지를 추천한다.

1) 에릭남 K-pop Dae Bak show

에릭남 케이팝 대박 쇼는 100% 영어로 진행되는 토크쇼이다. 요즘 내가 가장 좋아하는 팟캐스트이다. 우리가 아는 친숙한 가수들이 게스트로 나와 이야기하는 형식이다. 게스트와의 근황 이야기 그리고 새로 나온 K팝 소식을 전한다. 단순히 K팝 소식만 전하는 것이 아니라 에릭남이 덧붙여서 재미있는 이야기도 많이 하고 게스트와도 진행을 잘 이끌어 가서 말 그대로 재미있게 들을 수 있다. 100% 영어지만 영어 중급자 이상이라면 친숙한 K팝 이야기여서 거리감이 느껴지지 않을 것이다.

2) Culips

Culips는 말하는 속도가 빠르지 않고 주로 쉬운 주제를 다루고 있어 초보자들한테 적합하다.

3) All Ears English

All Ears English는 100% 영어로 진행된다. 미국인 여자 2명이 진행하는 진짜 미국 팟캐스트이다. 원어민이다 보니 말은 조금 빠른 편이다. 우선 발음이 귀에 쏙쏙 박혀서 좋다. 청취자들이 보내는 질문들을 주로 설명해주며 일상생활에서 자주 쓰는 표현을 배울 수 있다. 예를 들면, used to와 get used to의 차이, kind of와 sort of의 차이 등 이 두 개가 똑같은 것 같은데 뭐가 다른 거지? 했던 것들을 속 시원하게 알려줘서 좋다.

4) BBC Global News Podcast

각종 전 세계 뉴스 팟캐스트이다. 다양한 주제에 관해 얘기하고, 한국 얘기가 심심찮게 자주 나온다. 한 편당 20~30분 정도, 하루에 한두 개씩 들으면 뉴스를 잘 보지 않는 사람들도 주요 사건들은 알 수 있다.

5) 김영철, 타일러의 진짜 미국식 영어

책이나 인터넷 강의로 영어 공부를 하면 기본적이고 정형화된 문장이어서 부족함을 느낄 때가 많다. 막상 실전 영어에서 사용하는 영어는 책으로 공부했던 것과 다른 게 많다. 해석상으로는 같은 표현이지만 실제로는 잘 쓰이지 않을 수도 있고, 영어권 국가에서 사용하기에는 어색한 표현들이 있다. 생소한 표현을 알아가는 재미가 있다.

내가 즐겨 듣고 도움이 되었던 팟캐스트를 추천했는데 이 밖에도 정말 많은 팟캐스트가 있다.

이힉, 토크쇼, 시사·뉴스, 제2외국어, 비즈니스 등등 다양한 카테고리로 되어 있다.

위의 팟캐스트는 내 경험상으로 재밌는 것을 추천한 것이다.

다른 재밌는 팟캐스트도 많기 때문에 그중에서 자신이 가장 관심 있는 분야를 듣는 것이 좋다.

짧게 5분, 10분 정도의 팟캐스트들도 많으니 최대한 많이 이용하는 것을 추천한다.

● 팝송으로 신나게 영어 공부하기

영어 공부를 하다 지치거나 지루할 때 신나는 팝송을 들어 보는 것을 추천한다.

대부분 사람이 일상생활을 하면서 노래를 많이 듣는다. 한국 노래 대신 팝송을 듣는다면 영어 공부까지 할 수 있는 장점이 있다. 슬럼프가 올 때 팝송을 들어 보는 건 어떨까?

팝송에 나오는 문장들이나 단어들은 쉬운 게 많다. 짧은 문장으로 되어 있어 습득하기가 쉽고 바로 활용할 수도 있다. 팝송은 자신이 좋아하는 가수나 평소 즐겨 듣는 곡 아무거나 들어도 상관이 없다.

팝송으로 영어 공부를 하는 방법으로는 어떤 것들이 있을까?

1) 팝송 고르기

팝송을 고를 때는 유명한 가수의 노래나 영어 공부하기 좋은 팝송 추천리스트를 찾아보는 것도 좋지만 자신이 좋아하는 가수나 평소 즐겨 듣는 곡을 선택하는 것이 가장 좋다.

2) 팝송 듣고 모르는 단어 찾아보기

팝송을 들으면서 모르는 단어를 찾아야 한다. 단어를 찾으면 수월하게 이해할 수 있을 것이다. 그리고 팝송을 반복해서 들으면서 계속 중얼거려 보자. 발음 연습이 많이 될 것이다. 팝송은 문장들이 짧아서 그냥 외워버릴 것을 추천한다.

3) 소리 내어 따라 부르기

모르는 표현들을 찾아보고 팝송을 반복해서 들었다면 크게 따라 불러 보면 좋다. 대신에 목소리가 크면 클수록 좋다. 큰 목소리로 따라 부르면 익숙해져서 더욱 기억에 오래 남을 것이다. 또한 남들 앞에서 불러 보는 것도 좋은 방법이다. 노래방 가서 팝송을 부른다면 신나고 스트레스도 풀릴 것이다.

4) 주요 단어 및 구문으로 예문 만들어 보기

정리한 단어 및 구문표현으로 예문을 만들어 보자. 단어 외우는 것에 그치는 것이 아니라 직접 예문까지 만들어 보면 효과가 정말 좋다. 장기적으로 기억에 오래 남을 수 있으며 영작 연습이 될 수 있다. 단 한 문장이라도 만들어 보자. 나는 Shawn Mendes 라는 가수를 좋아해서 그의 곡 중에서도 ''Imagination'을 많이 들었다.

<Imagination>

We walk, we laugh, we spend our time walking by the ocean side
해안가를 지나칠 동안 우린 걷고, 웃고, 시간을 보냈어

Our hands are gently intertwined
우리의 손은 부드럽게 얽혔지

A feeling I just can't describe
이 기분이 어떤지는 설명할 수가 없을 거야

And all this time we spent alone, thinkin' we cannot belong
홀로 보내는 시간에, 함께 보낼 수 없을 거라는 생각을 해

To something so damn beautiful, so damn beautiful
저렇게나 아름다운 순간을 말이지, 저리 아름다운데

I keep craving, craving
난 계속 널 원하고, 또 원해

You don't know it but it's true
몰랐겠지만 사실이야

Can't get my mouth to say the words they wanna say to you
내 입은 네게 하고 싶은 말을 전부 담지는 못해

This is typical of love
전형적인 사랑이니까

I can't wait anymore, won't wait
더 이상 못 기다리겠어, 기다리지 않을 거야

I need to tell you how I feel when I see us together forever
우리가 영원히 함께하는 것을 본다는 느낌이 어떤지 네게 말해야겠어

이 중에서 주요 표현들을 가지고 예문을 만들어 보는 것이다.

① we spend our time walking by the ocean side
-> spend 시간 ~ing : ~ing 하는 데 시간을 보내다/쓰다

- I spent my time studying English
(나는 영어 공부하는 데 시간을 보냈다)

- We spend our time playing soccer on Sundays
(우리는 일요일마다 축구를 하는 데 시간을 보낸다)

② I keep craving, craving

-> keep ~ing : 계속 ~ing하다

- We keep telling her it is true

(우리는 그것이 사실이라고 그녀에게 계속 말한다)

- I kept practicing it to get a good grade

(나는 좋은 점수를 받기 위해 계속 연습했다)

이처럼 한두 문장만이라도 예문을 만들어 보면 기억에 더 오래 남고 영작 연습까지 같이하는 효과가 있다.

● TED로 쉐도잉하기

누구나 한 번쯤 TED테드, TED Talks라는 말을 들어 본 적이 있을 것이다.

TED는 Technology, Entertainment, Design의 약자로 1984년부터 미국에서 주최해온 연례 국제 콘퍼런스를 뜻한다.

TED는 이름과 같이 기술, 오락, 디자인이라는 주제를 다루었지만, 현재는 과학, 비즈니스, 건강, 혁신 등 거의 지구상의 모든 분야에 대해서 다양한 국적과 인종을 가진 사람들이 강연을 하는 것이다.

그래서 TED로 영어 공부하는 것 또한 강력히 추천한다.

초급자에게는 다소 생소한 분야에다 수준 높은 강의들이 많아 어려울 수 있다.

강연은 보통 최대 20분이다.

TED의 장점은 다음과 같다.

첫째, 청취자의 영어 실력에 맞게 재생 속도를 조절할 수 있다.

둘째, 한글 자막이 제공되는 경우 한글 자막을 볼 수 있으며 각 강연 전체 스크립트와 한국어 번역을 확인할 수 있다.

셋째, TED 앱이나 유튜브를 통해 시청할 수 있어 시간과 장소에 구애받지 않고 무료로 활용할 수 있다.

넷째, 다양한 분야의 강의를 들으면서 배경지식을 쌓을 수 있다.

TED를 활용하면 영어뿐만 아니라 강연자의 제스처, 표정, 말투 등을 보면서 발표하는 법도 배울 수 있다.

TED 쉐도잉 공부법은 아리랑뉴스 공부법과 똑같다.

1) 처음 들을 때 대본 보지 않고 들어 보기

2) 대본과 자막 보면서 들어 보기

3) 모르는 단어 찾고 정리하기

4) 대본을 해석해 보고 다시 들어 보기

5) 하루 종일 틈날 때마다 반복해서 들어 보고 쉐도잉해 보기

6) 쉐도잉한 것을 녹음해 들어 보기

쉐도잉은 위와 같은 방법으로 똑같이 해주면 된다. 기억이 잘 안 난다면 '아리랑뉴스 10분 공부법' 페이지로 돌아가 다시 보기 바란다.

● 디즈니 애니메이션 영화부터

영화나 드라마로 처음 공부를 시작하려고 하면 어려울 수 있다. 그렇다면 비교적 쉽고 재미를 느낄 수 있는 애니메이션 영화부터 시작하는 것을 추천한다.

영어 애니메이션은 비교적 문장들이 간단하고 이해하기 쉬운 문장들이다. 초급자들한테는 처음부터 어려운 미드나 영화로 공부하면 말이 너무 빠르거나 슬랭slang : 은어이 너무 많이 나오면 무슨 말인지 이해하기도 어렵고 따라 하기 쉽지 않기 때문이다.

그래서 영어 애니메이션부터 공부해 먼저 흥미를 느끼기를 바란다.

특히 디즈니 애니메이션을 추천한다.

어린이들도 보기 때문에 성우들이 깨끗하고 정확한 발음으로 구사하는 것은 물론이고, 억양, 속도까지 완벽하다.

대표적인 유명 디즈니 애니메이션을 추천한다.

1) 겨울왕국 (Frozen)

겨울왕국 하면 OST가 먼저 떠오를 것이다. 대표적으로 모두가 다 아는 유명한 'Let it go'가 있다. 그 이외에도 'Do you want to build a snowman' 'Love is an open door'이 있다. 겨울왕국은 OST는 따라 부르기에도 쉽고 계속 들어도 안 질린다는 장점이 있다. 노래만으로도 공부하기 좋은 애니메이션이다.

Let it go, let it go
다 잊어, 다 잊어

And I'll rise like the break of dawn
나는 새벽을 깨는 태양처럼 솟아오를 거야

Let it go, let it go
다 잊어 다 잊어

That perfect girl is gone
그 완벽한 소녀는 사라졌어

Here I stand
여기 내가 서 있어

In the light of day
이 빛 속에

Let the storm rage on
폭풍아 몰아쳐라

The cold never bothered me anyway
어차피 난 추위 따윈 한 번도 신경 쓴 적 없어

2) 주토피아

주토피아도 유명한 애니메이션 영화이다. 현대 사회를 보는듯한 느낌과 메시지가 담겨 있는 영화이다. 인종에 대한 다양성, 현대 사회의 모습 그리고 그에 따른 편견에 관해 이야기하고 있다. 주토피아도 교훈을 주는 대사들이 많아 공부하기에 유익하다.

Change starts with you.
변화는 너로부터 시작해.

Anyone could be anything
누구든 무엇이든 될 수 있다.

Life is not some cartoon musical
인생은 무슨 만화 뮤지컬이 아니야

Tomorrow is another day
내일은 또 다른 날이잖아

3) 인사이드 아웃

인사이드 아웃은 '어른들을 위한 영화'라는 평을 얻으며 명장면과 명대사가 많이 나온다. 나도 단순한 애니메이션인 줄 알았는데 보고 나서 많은 여운을 주는 영화였다. 우리들의 감정 변화에 대한 교훈을 얻을 수 있고 언제 봐도 명작이다. 명장면, 명대사를 따라 하고 기억하는 재미가 있다.

You can't focus on what's going wrong.
There's always a way to turn things around, to find the fun.

잘못한 일에만 계속 신경 쓸 수는 없어.
안 좋은 기분을 바로잡을 수 있는 방법은 언제나 있잖아,
즐거움을 찾는 거 말야.

Don't you worry.
I'm gonna make sure that tomorrow is another great day.
I promise.

걱정하지 마.
내일도 멋진 날이 될 거야.
약속할게.

4) 라푼젤

라푼젤은 탄탄한 작품성을 갖고 있고 스토리 자체도 재미있어서 많이 봐도 질리지 않는다. 그래서 라푼젤로 영어 공부를 하는 사람들을 많이 볼 수 있다. 유튜브나 영어 커뮤니티에서 자료를 쉽게 구할 수 있다.

"You were my new dream"
당신이 저의 새로운 꿈이었어요

"And you were mine"
그리고 당신은 제 꿈이었지요

Heal what has been hurt
상처 입은 것을 고쳐라

Change fates' design
운명의 계획을 바꿔라

Save what has been lost
잃은 것을 구하라

Bring back what once was mine
한때 내 것이었던 것을 다시 돌려주거라

> **What once was mine**
> 한때 내 것이었던 것을

이 네 가지 영화 외에도 공부하기 좋은 영화들이 많다. 자신에게 맞는 영화를 찾아서 공부하길 바란다. 애니메이션 영화를 공부하는 방법은 다음과 같은 방법을 추천한다.

① 한글 자막으로 본다

우선 한글 자막과 같이 보면서 전반적으로 내용 이해를 하는 것이 좋다. 무작정 자막 없이 본다고 영어가 느는 것이 아니다. 안 들리는 단어는 죽어도 안 들리기 때문이다. 우리가 모르는 아랍어를 그냥 무작정 듣는다고 해서 실력이 향상될까? 아마 계속 안 들릴 것이다. 처음에 어떤 내용인지 이해하고 반복해서 공부하는 것이 중요하다.

② 영어 자막으로 본다

다음은 영어 자막으로만 보는 것이다. 내용 이해가 되었으니 영어 자막으로 보면서 '이런 상황에는 이런 말을 하는구나'라고 느끼면 된다. 영어 자막만으로는 속도를 따라가기 힘들거나 어려울 수 있다. 이때 그냥 너무 다 이해하려고 애쓰지 않는 것이 좋다. 모르는 부분은 그냥 넘어가면 된다. 영어 자막으로 전체 다 영화를 보는 것이 중요하다.

③ 자막 없이 돌려 본다

한글 자막과 영어 자막으로 보고 난 후에는 자막 없이 본다. 이미 두 번 돌려봤으니 이해가 더 잘 될 것이다. 이때에도 멈추지 말고 쭉 한 번에 보면 된다. 잘 안 들리더라도 최대한 무슨 말을 하는지 먼저 들어 보는 것이 좋다.

④ 모르는 단어 체크한다

자막 없이도 다 보았다면 이제 모르는 단어를 체크해야 한다. 영어 자막이나 대본을 보면서 모르는 단어를 체크한다. 대본에 써 놓거나 따로 단어장을 만들면 된다. 아는 단어라도 어떨 때는 다른 의미로 쓰일 때가 많아 꼼꼼히 체크해 보는 것이 좋다.

⑤ 영어 자막으로 10번 반복해서 본다

모르는 단어를 다 체크했다면 다시 영어 자막을 켜 놓고 들어 본다. 영어 자막을 보면서 이 상황에서는 어떻게 말을 하는지 보는 것이 중요하다. 영화를 처음부터 끝까지 다 반복하는 것보다는 20

분, 30분 나누어서 반복하고 익숙해지면 그다음으로 넘어가야 한다. 한 번에 많은 양을 반복하려고 하면 지루하기도 하고 집중력이 떨어질 수 있기 때문이다.

⑥ 자막 없이 10번 이상 반복해서 들어 본다

마지막으로 영어 자막으로 숙달되었다면 모든 표현이 들릴 것이다. 그렇다면 이제 자막 없이 계속 반복해서 봐야 한다. 들리는 데는 익숙해졌다 하더라도 말하는 연습은 더욱 많이 해주어야 한다. 영어는 훈련이다. 입으로 직접 말해보고 따라 해봐야 말하기가 된다. 그저 가만히 눈으로 보고 귀로만 듣고 있으면 소용이 없다. 반드시 입으로 크게 소리 내어 따라 해봐야 한다.

이렇게 10번만 반복하면 영어 말하기 실력이 많이 늘고 영어 공부에 대한 감도 생길 것이다.

반드시 한 가지 영화를 10번만 들어 보기를 바란다. 하나를 끝내고 나면 다른 것도 할 수 있다는 자신감이 생길 것이다. 시간을 내서 보기 힘들다면 다른 일 하면서 자투리 시간을 이용해 음원만 듣는 것도 좋은 방법이다.

미드나 영화도 이런 방법으로 똑같이 따라 하면 된다.

● 공부하기 좋은 미드

애니메이션 영화로 어느 정도 감을 잡았다면 미드로 공부하는 것이 좋다. 요즘엔 넷플릭스에 워낙 많아서 보기도 편하고 공부하기도 편하다.

미드는 20분~30분씩 짧은 에피소드가 많은 것을 추천한다. 긴 것보다는 짧은 것들을 많이 보는 게 덜 지루할 것이다.

그리고 시트콤이나 로맨틱 코미디 드라마 같은 일상생활 영어를 사용하는 미드로 시작하는 것을 추천한다.

범죄, 판타지, 전문 법정·의학 드라마는 실생활에서 사용하지 않는 영어도 많고 전문용어들이 많아 처음 시작하기에는 어려울 수 있다.

참고로 Language Reactor이란 프로그램을 다운로드하면 넷플릭스에서 한영 자막을 동시에 볼 수 있고 구간 반복기능, 대본 다운로드도 할 수 있어 편리하다.

아래에 몇 가지 미드를 추천하려고 한다. 프렌즈는 워낙 유명해서 생략하겠다. 오래된 드라마이지만 가장 기초적으로 배우기에는 정석이라 할 수 있다.

1) The Good Place

The Good Place굿 플레이스는 주인공 Eleanor가 죽은 후 실수로 천국 즉 Good Place로 가게 되면서 벌어지는 이야기이다. 가볍고 재밌게 볼 수 있고 정말 다양한 영어표현을 배울 수 있다. 배역 중 영국인도 있어 영국 발음을 배우고 싶은 사람들에게도 추천한다. 일상 영어를 배우기에 가장 좋은 최신 드라마라고 생각한다.

2) 부르클린 나인나인

부르클린 나인나인은 경찰서를 배경으로 하고 있으며 재밌는 시트콤이다. 미국 사람들의 유머를 배울 수 있고 어떻게 돌려 말하는지 알 수 있다. 문화를 이해할 수 있는 좋은 드라마라고 생각한다. 그리고 드라마에서 매우 최신의 영어를 사용한다. 최신식의 영어 단어나 표현들을 배우기에 효과적이다.

3) You

You너의 모든 것는 미국에서 엄청나게 인기 있는 드라마이다. 서스펜스, 범죄, 미스터리를 좋아하는 사람들이 좋아할 것이다. 한 젊은 남자 연쇄 살인마에 관한 이야기이다. 이 드라마는 내용이 살짝 어려워서 영어 중급자니 상급자에게 추천한다. 아니면 이러운 단어들이나 문장들을 배우고 싶은 분들에게도 추천한다. 이 드라마는 긴장감을 늦출 수 없어 더욱더 재미있을 것이다.

4) Modern Family

영어 공부하기 좋은 미드 추천이라고 하면 프렌즈와 더불어 꼭 나오는 Modern Family모던 패밀리를 빼놓을 수 없다. 모던 패밀리는 미국 가족들의 매일 벌어지는 일상에 관한 이야기로 시즌 11까지 볼 수 있다. 시즌 1에서부터 학생들이 커가는 모습을 보는 재미도 있고 일상 영어 회화를 배우기에 좋은 드라마이다. 내용도 무겁지 않고 흥미로운 미국 시트콤이다.

5) News Room

News Room뉴스룸은 앞서 추천한 미드보다는 수준이 높다. 초급자들이 공부하기엔 어려운 표현들이 많다. 위의 미드들을 공부하고 나서 조금 더 높은 단계를 하고 싶다면 추천한다. 다소 어려운 용어들이 쓰이지만 세련된 수사들과 은유적인 표현 같은 고급 어휘를 배울 수 있다. 뉴스라는 소재가 어떻게 보면 어렵고 지루하게 느껴질 수 있지만, 재미도 있고 고급 영어를 알 수 있는 드라마이다.

이렇게 몇 가지 미드를 추천했는데 무엇보다도 중요한 것은 자신한테 잘 맞는 드라마를 찾는 것이다.

남들이 재미있다고 해서 봤는데 막상 별로라거나 흥미를 느끼지 못한다면 반복해서 보는 것은 무리일 수 있다.

여러 가지 보고 난 후 자신한테 맞는 것을 찾은 후에 반복하길 바란다. 미드를 공부하는 방법도 애니메이션 영화를 공부하는 것과 똑같다.

① 한글 자막으로 보기

② 영어 자막으로 보기

③ 자막 없이 보기

④ 모르는 단어 점검하기

⑤ 영어 자막으로 10번 반복해서 보기

⑥ 자막 없이 10번 이상 반복해서 보기

⑦ 중요 표현 구문들을 정리해 다른 예문을 하루에 3문장씩 만들어 보기

여기서 ⑦번을 추가해서 공부하면 좋다. ⑥번까지는 똑같이 위와 같은 방법으로 최소 10번 이상 듣는 것을 추천한다. 모든 대사를 다 외울 정두로 듣는 것이 좋다.

아마 10번 이상 들으면 저절로 외워져서 중얼거리고 있는 자신을 발견할 것이다.

어느 정도 공부하는 것이 익숙해졌다면 정리해둔 중요 표현, 구

문들로 또 다른 예문을 만들어 보면 좋다.

하루에 3문장씩 만들고 정리하면서 따라 한다면 영어 실력이 더욱 향상될 것이다.

● 공부하기 좋은 영화

짧은 미드로 공부를 어느 정도 했다면 영화로도 공부해보는 것을 추천한다.

무엇보다도 자신이 흥미 있고 재미있게 볼 수 있는 영화를 선택해야 한다. 반복해서 봐야 하는데 지루하다면 얼마 못 가서 포기하는 경우가 많기 때문이다.

대표적으로 영어 공부하기 좋은 영화를 추천한다.

1) 어바웃 타임

'어바웃 타임'은 너무 유명해서 모르는 사람이 거의 없을 것이다. 영국 영화라서 영국 발음이 매력적이다. 영국 발음을 배우고 싶은 사람들에게 적합할 것이다. 본 사람들은 알겠지만, 주인공이 시간을 이동할 수 있는 능력을 갖추고 과거를 바꿔보지만, 또 다른 사건이 계속 일어나는 영화이다. 시간을 이동하는 영화나 드라마는 언제나 재미있는 것 같다. 어바웃 타임은 일상생활 영어와 영국식 영어표현을 많이 배울 수 있다.

2) 라라랜드

'라라랜드'는 미국 LA를 배경으로 한 뮤지컬·로맨스 영화이다. 중간중간 음악이 나와서 재미가 더해진다. 주인공 두 남녀가 꿈을 이루는 과정에 좌절도 많이 하면서 성장하고 결국 꿈을 이루는 모습을 보여준다. 그리고 영화에 나오는 음악들이 신나기도 하고 감동적이기도 해서 지루할 틈이 없다. 라라랜드도 일상생활 영어 표현들을 많이 배울 수 있다.

3) 인턴

영화 '인턴'은 은퇴한 70세 할아버지가 패션 관련 회사에 인턴으로 입사하게 되면서 일어나는 일들에 관한 내용이다. 할아버지가 인턴 지원할 때 자기소개를 영상으로 찍는 부분이 있다. 영어 면접이 있다면 영어 표현들을 참고하는 것도 추천한다. 또한 비즈니스 관련 영어 표현이 많이 나온다. 일상 회화를 넘어서서 비즈니스 관련 표현들을 배우고 싶은 사람들에게 추천한다. 이 외에도 재미있고 비유적인 표현이 많이 나와 영어 공부에 흥미를 느낄 수 있다.

여기까지 영어 듣기 및 말하기와 관련된 영어 공부법에 대해 알아보았다.

많은 사람이 영어를 못하는 게 아니라 안 하는 것이다. 물론 타고난 사람도 있다. 하지만 타고난 사람은 극소수일 뿐이다. 영어를 잘하고 싶지만, 방법을 잘 모르거나 중도에 힘들어서 포기하는 경우가 대부분이다.

위의 방법 중에서 하나라도 꾸준히 해보자. 요즘에 영어 공부를 할 수 있는 방법이 너무나 많은데 영어를 포기하는 건 너무 안타깝다.

유튜브만 보더라도 당장 영어 공부를 할 수 있는 채널이 정말 많다. 어느 하나라도 꾸준히만 해보자. 그러면 여러분의 인생이 바뀔 수 있다.

3

무작정 써보자

지금까지 영어단어, 읽기, 듣기, 말하기에 대한 여러 가지 방법들을 이야기했다.

이 중에서도 자신한테 잘 맞는 방법이 있을 것이다.

잘 모르겠다면 여러 가지를 시도해보는 것도 괜찮다. 시행착오를 겪는 중에도 영어에 대한 감이 생길 것이다.

읽기, 듣기, 말하기는 영어 문장을 보고 듣고 외워보면 어느 정도 되는데 영어 쓰기, 영어 작문하기는 너무 어렵게 느껴실 수 있다.

머릿속에 떠오른 생각들을 영어로 표현하기란 쉽지 않다. 또한 마치 뇌세포 분열이 일어나는 듯한 느낌이 들 때가 있다. 그래서 기초가 중요하다. 특히 단어, 문법, 구문, 독해를 배울 때 잘 배워야 영작할 때 어려움이 덜하다.

영어를 보고 해석하는 것도 중요하지만 한글로 먼저 본 다음 영어로 어떻게 쓰이는지 생각해보는 것도 중요하다.

영어로 보기에 너무나 쉬운 문장도 한글 먼저 보고 영어로 만들라고 하면 생각이 안 나고 어려울 수 있다.

처음엔 아주 답답할 수 있다. 그런데 이 과정을 겪으면서 실력이 많이 늘 것이다.

나도 영어 쓰기를 공부할 때 답답하고 원어민처럼 쓰고 말할 수 있다면 얼마나 좋을까 하는 생각을 많이 했다.

하지만 익숙해졌는지 아닌지의 차이이지 누구나 잘할 수 있다. 일단은 무작정 써보자.

이어서, 영어 작문 실력향상에 좋은 방법들을 제시해 본다.

● 하루 한 문장이라도 영어 일기 써보기

영어 쓰기를 가볍게 시작하는 가장 좋은 방법은 영어 일기를 써보는 것이다.

오늘 하루 있었던 일, 내가 했던 일에 대해서 정리하면서 한두 줄 적어 내려가다 보면 금방 글이 길어질 것이다.

일기는 한글로 쓸 때도 어려운 문장을 쓰지 않는다.

일상생활에 있었던 일들을 기록하는 것이기 때문에 내 마음대로 자유롭게 써보면서 습관을 만들 수 있다.

아주 단순한 문장이라도 좋다. 단순한 문장부터 연습하면서 시작하는 것을 추천한다.

힘들다면 하루에 단 한 문장이라도 좋다. 한 문장이라도 영어 일기를 써보자.

다이어리에 직접 써도 되지만 블로그나 인스타그램과 같은 SNS에 작성하는 것이 더 편할 수 있다.

나도 매일 일기를 작성하면서 영어 쓰기에 대한 습관을 만들 수 있었다.

그리고 하루를 정리하면서 글을 작성한다면 많은 변화가 일어날 것이다.

글쓰기의 힘은 엄청나다.

글쓰기로 정리하면 내가 무엇을 하고 있는지 어떤 방향으로 나아가고 있는지 다시금 돌이켜볼 수도 있고 반성할 수 있는 계기가 되기 때문이다.

또 한 가지 좋은 점이 기록을 남겨 놓으면 나중에 무슨 일이 있었는지 내가 무엇을 했었는지에 대해 까먹지 않고 기억할 수 있다. 그리고 옛날에 썼던 글과 지금 쓴 글을 보면 영어 실력이 많이 향상했다고 느낄 수 있을 것이다.

영어 쓰기를 시작하는 사람들에게 '일기 쓰기'를 강력하게 추천한다.

● 한 가지 주제로 영작문 해보기

한 가지 주제로 매일 영작문 해보는 것을 추천한다.

한 주제에 대해서 자기 생각을 써보는 것이다. 주제는 어떤 것이라도 좋다. 자신이 좋아하는 분야나 관심이 있는 분야를 선택하면 좋다.

처음부터 많이 쓰기 어렵다면 하루에 5줄 적고 그다음 날 5줄 이어서 적어보고 하나의 글을 만들어 보는 것이다.

또는 기존에 가지고 있거나 만들어 두었던 단어장을 참고하면 좋다. 배운 단어를 몇 가지 이용해서 문장을 만들어 보는 것이다. 이렇게 한 문장 두 문장이라도 매일 써보면 습관도 잡히고 글 쓰는 요령도 생길 것이다.

1) 자신이 좋아하는 분야 또는 관심 있는 분야에 관한 주제 선정하기

먼저 주제를 선정해야 한다. 그 어떤 것이라도 좋다. 예를 들면, 커피, 축구, 카페, 친구 등등 글의 대상이나 주제를 자신이 원하는 분야로 정하면 된다.

2) 하루에 5줄 적기

단순하고 짧은 문장이라도 좋다. 하루 5문장씩 써보는 것을 추천한다. 가장 중요한 것은 습관을 들이는 것이다. 긴 문장이 아니어도 좋다. 처음부터 너무 어렵게 생각하면 쉽게 지칠 수 있기 때문이다.

3) 다음 날 이어서 5줄 적기

전날 적었던 문장에 이어 5문장을 작성하는 것이다. 최소 5문장씩 적는 것을 추천하지만 어렵다면 1문장이라도 적어보자.

4) 다른 주제로 영작해 보기

10문장도 좋고 그 이상도 좋다. 한 가지 주제에 대해서 다 적어보았다면 바로 다음 주제로 적어 보면 된다.

● TED 스크립트 영어로 바꿔보기

앞서 TED로 쉐도잉 공부하는 법에 관해 이야기했다.

더 나아가 TED 스크립트로 번역 연습해 보는 것을 추천한다.

TED는 국가별 다양한 언어로 스크립트가 잘 되어있어서 공부하기에 편리하다.

쉐도잉하는 것에서 그치지 않고 한글 스크립트를 보고 영어로 바꿔보는 번역 연습 또한 해보면 좋다.

처음에는 어떻게 해야 할지도 모르겠고 어려울 수 있다. 하지만 틀려도 상관없다. 잘 모르겠다면 조금이라도 아는 것부터 써보자. 번역 연습하는 법은 아래와 같다.

1) 관심 있는 분야 강연 선택하기

먼저 자신이 관심 있는 분야 강의를 골라야 한다. 처음부터 전문적이거나 어려운 강의보다는 쉽고 재미있는 주제를 선택하는 것이 좋다.

2) 한글 스크립트 다운 받기

한글 스크립트를 영어로 바꿔보는 연습을 할 것이기 때문에 먼저 한글 스크립트를 다운 받는다.

3) 한글 한 문장마다 영어로 바꿔 보기

한글 스크립트를 다운 받았다면 한 문장씩 영어로 바꿔보는 연습을 한다. 사람마다 영어 실력이 다르므로 어려울 수도 있고 쉬울 수도 있을 것이다. '한글을 보고 영어로 어떻게 표현할까?'라고 생각하는 과정에서 실력이 많이 향상될 것이다. 영어를 한글로 해석할 때는 쉽지만 한글을 영어로 바꾸는 것은 어렵게 느껴진다.

4) 한글과 영어 대본 맞춰 보기

한글을 영어로 바꿔보는 연습을 했다면 영어 스크립트와 맞춰 봐야 한다. 얼마나 맞았는지 이 부분은 내가 쓴 것과 어떻게 다른 지 파악해야 한다. 그냥 영어 스크립트 먼저 보는 것과 내가 영어 로 바꿔보고 영어 스크립트를 보는 것은 다를 것이다. 더 기억에 오래 남고 공부도 많이 된다.

5) 모르는 단어 및 표현 정리하기

TED 또한 전문분야가 많아서 모르는 단어나 표현들이 많이 나 올 것이다. 모르는 단어나 표현들은 무조건 찾아보고 정리해 놓아 야 한다.

6) 정리한 단어 및 표현으로 예문 만들어 보기

정리한 단어나 표현들로 예문까지 다시 만들어 본다면 진짜 완 벽한 공부가 될 것이다. 단 하나의 예문이라도 꼭 만들어 보는 것 을 추천한다.

● 영문 기사 필사하기

영문 기사나 사설을 똑같이 필사 하는 방법도 강력히 추천한다. 영어 라이팅 실력을 향상시킬 수 있는 최고의 방법이라고 생각한다.

영자 신문의 기사나 사설은 어휘·문장, 구성력·논리성에서 거의 완벽하다고 할 수 있다.

필사한다면 어휘력도 풍부해지고 문장 구성하는 능력 그리고 글쓰는 방법에 대해서도 많이 배울 것이다.

손으로 쓰는 것이 힘들다면 컴퓨터 타이핑으로 해도 좋다.

또한 좋은 방법은 신문 기사를 가지고 번역 연습을 해보는 것이다.

방금 이야기했던 'TED 스크립트 영어로 바꿔보기'랑 방법은 똑같다.

먼저 영자 신문 기사의 한글 번역본을 찾는다. 그다음 한 문장마다 영어로 바꿔본 후 원본 기사로 확인해보는 것이다. 특히 '코리아중앙데일리'와 '코리아타임즈'를 추천한다.

두 신문사 모두 영어 공부를 위한 코너가 따로 존재한다. 즉, 한글 번역본이 있는 영문 기사 코너가 있어서 공부하기에 편리하고 아주 유용하다.

이제는 적극적으로
아웃풋을 해보자

자, 이제 어느 정도 기초를 다졌다면 아웃풋을 해보자.

위의 방법만으로도 충분하다. 그만큼 영어 공부할 방법은 많고 꾸준함만 있다면 반드시 여러분도 영어를 잘할 수 있다.

위의 방법은 최대한 많은 방법을 여러분에게 알려주고자 한 것이니 그중에서 1~2가지만이라도 자기에게 맞는 방법을 찾아 공부하는 것을 추천한다.

● 영어 프레젠테이션 해보기

영어 실력이 더 빨리 늘기 위해서는 직접 말하고 써보는 것이 중요하다.

영어가 어느 정도 익숙해졌다면 남들 앞에서 말해볼 수 있는 영어 프레젠테이션에 도전해보기를 바란다.

프레젠테이션하는 것은 직접 주제에 관해 공부해야 하고 자료도 만들어 보고 스크립트도 만들어야 하고 말하는 연습까지 해야 한다. 그러므로 프레젠테이션을 많이 하다 보면 영어 실력이 많이 향상될 수 있다.

영어 발표를 혼자 하기는 쉽지 않다. 그래서 영어 모임에 드는 것을 추천한다. 영어 회화뿐만 아니라 영어 발표해볼 수 있는 모임 또한 찾아보면 많이 있다. 발표에서 끝나는 것이 아니라 피드백까지 받아야 내가 무엇을 잘했고 무엇이 부족한 부분인지 알 수 있다. 만약 학생이라면 학교에 영어 수업이 있다면 무조건 듣기를 바란다.

많은 사람 앞에서 연습해 보면 분명 많은 도움이 될 것이다.

한글로 발표하는 것도 긴장되고 떨리는데 어떻게 영어로 할 수 있냐고 생각할 수도 있을 것이다. 그러나 처음 한 번이 어렵지 한 번 하고 나면 자신감이 생길 것이다.

조금 더 전문적으로 프레젠테이션 영어표현법을 배우고 싶다면 시중에 파는 영어책이 많이 있다. 참고하면 좋다.

영어 프레젠테이션을 하는 순서는 다음과 같다.

1) 영어 프레젠테이션할 주제 정하기

먼저 발표할 주제를 선정해야 한다. 주제는 어떤 것이든 상관없다. 자신이 관심 있는 분야나 공유하고 싶은 정보에 대해서도 좋다. 학교 수업을 듣는 경우라면 수업에서 정해주는 주제를 하면 된다. 예를 들어, 자신의 취미, 인상 깊었던 경험, 자격증 추천, 기업 분석 등 어떤 주제라도 괜찮다.

2) 영어 기사 및 자료 찾아보기

주제를 선정했다면 네이버에서 찾아보기보다는 먼저 구글에서 찾아보기를 추천한다. 구글에 영문기사나 자료들이 많기 때문이다. 영어로 된 자료를 먼저 읽어보고 공부해보는 것이 도움이 많이 될 것이다. 해석이 잘 안 되고 이해가 안 가더라도 먼저 영문으로 찾아보기를 바란다. 그런 다음 한글로 된 자료들을 봐도 늦지 않다.

3) 영문 PPT 만들기

자료들을 찾고 공부했다면 이제 발표할 PPT를 만들어야 한다. PPT는 최대한 간결하게 만드는 것이 좋다. 글자보다는 사진이 많이 들어가는 것이 낫다. 한글로 PPT 만들 때와 똑같다고 보면 된다. 구글에 예시자료와 사람들이 직접 만들었던 영문 PPT 자료들이 많다. 참고하길 바란다. 만약 PPT가 필요 없다고 생각되면 바로 스크립트 만드는 것으로 넘어가면 된다.

4) 한글 스크립트 만들기

PPT를 다 만들었다면 발표할 스크립트를 만들어야 한다. 먼저 발표할 내용의 한글 스크립트를 만든다. 만약 자신이 굳이 한글 스크립트 먼저 만들지 않고 영어로 바로 만드는 것이 편하다면 그렇게 해도 좋다. 한글 스크립트를 먼저 만들어 보면 발표하고자 하는 것을 더욱 구체적으로 잘 정리할 수 있다. 한글 스크립트를 건너뛰고 바로 영어 스크립트를 만들면 영어 표현들이 조금 더 한정적일 수 있다. 프레젠테이션을 처음 해본다면 한글 스크립트를 먼저 만들어 보는 것을 추천한다.

5) 스크립트 영어로 바꾸기

한글 스크립트를 만들었다면 영어로 바꾸는 작업이 필요하다. 이때 프레젠테이션 전문 영어표현들을 공부할 수 있는 책을 참고한다면 더 다양한 표현들을 사용할 수 있을 것이다. 또는 구글 번역기나 네이버 파파고를 이용하는 것도 방법이다. 만약 자신이 스스로 번역하는 데 문제없는 실력자라면 자신이 해도 좋다.

6) 프레젠테이션 연습

스크립트를 다 만들었다면 말하는 연습을 해야 한다. 아무리 자료를 많이 준비하고 PPT를 잘 만들었어도 발표를 못 하면 소용이 없다. 혼자 방 안에서 일어나 연습하거나 학교 빈 강의실에서 사람이 있다고 생각하고 연습을 해보면 좋다. 대신에 큰 목소리로 해야 한다. 말투, 강세까지 신경 써야 한다. 강조할 부분에는 더 힘주어서 말하고 아닌 부분에는 조금 더 약하게 말하면서 거울을 보고 연습하면 좋다. 그러면 제스처, 표정까지도 같이 볼 수 있기 때문이다. 가장 좋은 방법은 발표 연습할 때 동영상 촬영을 하는 것이다. 내가 발표하는 모습이 낯설 수 있지만 고쳐야 할 부분이 명확하게 보인다.

7) 프레젠테이션 피드백 받기

연습한 대로 발표를 진행한다. 아마 실전에서 생각보다 더욱 긴장할 수도 있다. 잘 못했다는 생각이 들어도 괜찮다. 많은 사람 앞에서 발표한 것만으로도 대단하다고 본다. 모임이나 학교에서 내 발표를 보았던 사람들, 친구들에게 어땠는지 물어보고 피드백까지 받으면 완벽하다.

여기까지 영어 프레젠테이션했던 경험을 바탕으로 이야기해 보왔다.

자신만의 더 좋은 방법이 있다면 추가해도 된다.

프레젠테이션하는 것이 어렵게 느껴질 수 있겠지만 꼭 한 번쯤은 해보라고 권하고 싶다. 연습을 미리미리 많이 해 놓는다면 반드시 나중에 도움 될 일이 있을 것이다.

취업할 때나 회사 외국인 클라이언트 앞에서 발표해야 하는 날이 올지도 모른다. 그때 가서 서둘러 준비하는 것보다는 차근차근히 해 놓는다면 편할 것이다.

무엇보다도 발표는 하면 할수록 실력이 많이 늘 것이다.

● 영어토론 해보기

영어토론을 해보는 것 또한 좋은 방법이다.

영어 토론이라고 하면 엄청 거창하게 생각하는데 그렇지 않다.

나도 영어 토론이라고 하면 엄청 유창한 사람들만 할 수 있지 않나 하는 생각을 했다. 하지만 유창하지 않더라도 도전해볼 수 있다.

영어 토론은 혼자 할 수 없으니 사람들 몇 명과 그룹을 이루어서 같이 해야 한다.

오프라인이나 온라인 토론모임이 많으니 참여할 수 있는 곳은 찾아보면 많다.

같이 하면 다른 사람들이 어떻게 공부하고 있는지에 대한 스킬과 피드백 또한 얻을 수 있어 좋다.

토론 또한 자기 생각을 글로 적어보고 말로 표현해야 하므로 아주 좋은 영어 공부 방법이다.

여러 가지 주제에 관해서 이야기해 보고 자신의 의견을 글로 써보는 과정에서 많이 늘 것이다.

토론은 기본적으로 아래와 같이 진행된다.

1) 토론 주제 선정하기 및 찬반 정하기

토론주제는 너무나 다양하다. 어떠한 주제라도 상관없다. 그중 흥미로운 주제를 선택하면 된다. 평소에 자신이 생각해본 문제들도 주제로 선정하면 좋다.

2) 토론 의견 뒷받침할 자료 조사하기

토론주제를 선정했다면 찬반으로 나누어졌을 것이다. 그에 맞는 기사나 자료를 찾아야 한다. 대부분의 자료가 인터넷에 많이 나와 있을 것이다. 만약 나와 있지 않다면 신문 기사 자료를 참고하는 것도 좋은 방법이다. 또한 미국 영어 토론 사이트 https://www.procon.org/을 참고하면 좋을 것 같다. 시민들의 비판적 사고력 증진을 돕는 것을 목적으로 개설한 사이트로 사회 이슈에 대한 찬반 의견을 정리해 제공한다. '대학 수업이 가치가 있는

가?', '불법 이민', '경찰 예산 삭감' 등 미국 사회 동향에 맞추어서 새로운 자료가 추가되며 사용자가 원한다면 토론 주제 추가 요청을 할 수도 있다.

3) 토론 연습하기

토론 자료를 모두 준비했다면 토론하기 전에 연습을 해야 한다. 자료를 보면서 이야기해도 되지만 이왕이면 다 외워버리는 것이 더욱더 좋다. 말투, 제스처, 억양 등 큰 목소리로 말하고 연습하는 것이 중요하다. 상대방이 어떻게 반박할지에 대해 생각하면서 준비해야 한다. 대략적인 질문 리스트를 나열해보고 그에 대한 답변도 생각해보는 것이 좋다.

4) 토론하기

토론할 때는 자신의 의견을 말했다고 해서 끝난 것이 아니라 사람들 한 명 한 명이 이야기하는 것을 주의 깊게 잘 들어 보길 바란다. 다른 사람들은 어떻게 영어로 표현하는지 어떻게 말을 하는지를 보면 배울 점이 많을 것이다. 좋은 표현은 적어 두었다가 나중에 사용할 수 있다. 토론은 이기고 지는 것이 중요한 것이 아니라 상대방과 이야기하면서 어떻게 논리를 풀어나가는지 파악하는 것이 중요하다.

5) 토론 대회 도전해보기

영어 스터디나 영어 모임에서 토론을 공부했다면 영어 토론대회에 도전을 해보라.

토론 대회는 보통 청소년을 대상으로 하는 것이 많다. 'YTN. 한국외대 청소년 영어토론대회www.englishdebatingchampionship.co.kr' 사이트를 참고하면 많은 도움이 될 것이다. 그 밖에도 어학원이나 여러 기관에서 주최하는 토론 대회가 많다.

● 언어교환 어플 활용하기 : Hello Talk

요즘엔 영어를 활용할 수 있는 어플이 많다. 그중에서도 외국인들이 많이 사용하는 외국인 친구 사귈 수 있는 어플이 있다. 대표적인 것으로는 언어교환 어플 '헬로톡 Hello Talk'이 있다.

헬로톡은 SNS처럼 자신의 일상을 공유할 수 있고 일기장처럼 사용할 수 있다.

다양한 각국의 외국인들이 많아서 실제 원어민과 영어 이외에도 다양한 언어로 채팅을 할 수 있다. 그리고 대화할 사람을 찾기가 쉽고 발음, 문장 능 피드백을 받을 수 있다는 점이 가장 큰 장점인 것 같다.

외국인과 실제로 대화하는 것이 두렵다면 영어로 채팅하는 것부터 하면 좋을 것이다.

채팅은 이메일처럼 정확하고 정중하게 하지 않아도 좋다. 자유자재로 얘기할 수 있고 줄임말 또한 많이 사용한다. 대화를 하면서 이 상황에서는 어떻게 이야기하는지에 대해 살펴보면 좋을 것이다.

● 언어교환 모임 : 외국인과 대화 도전

이제는 실전이다. 실제로 외국인과 대화에 도전해봐야 한다.

발음이나 문법적으로 완벽하지 않더라도 일단 부딪혀봐야 늘고 깨닫는 것이 많다.

혼자서 연습하고 한국인들과 연습을 한다고 할지라도 막히게 되면 자꾸 한국말을 하려고 할 수 있다.

외국인과 대화하면 어쩔 수 없이 영어로 생각해 내야 하기 때문에 그 과정에서 실력도 훨씬 늘 수 있다.

일단 한 마디 모르는 단어라도 이야기해 보는 것이 중요하다.

나 또한 영어 수업을 듣거나 혼자서 연습할 때보다 미군부대에서 일할 때 어쩔 수 없이 영어를 사용해야 하는 환경에서 입이 트였다.

이처럼 환경설정이 중요하며 영어만 쓸 수 있는 상황을 만들어야 한다.

두려워하지 말고 꼭 도전해보기를!

여러분도 반드시 영어를 잘할 수 있다.

어떤 분야에 대해서 모를 때는 그 분야에서

가장 성공한 사람을 그냥 따라 하는 것이 정답인 것 같다.

단, 생각하지 말고 의심하지 않고

그저 따라 하는 것이 중요하다.

Chapter 2

나의 고군분투
영어 정복기

1

달달 외우기만 한 암기식 영어 공부, 그 실력이 뽀록나다

Many of life's failures are people who did not realize how close they were to success when they gave up.

- Thomas A. Edison

인생에서 실패한 사람 중 다수는 성공을 목전에 두고도 모른 채 포기한 이들이다.　　　　　　　　　　- 토마스 A. 에디슨

● 내가 잘못 본 건가? 충격받은 고등학교 첫 모의고사 점수

초등학교 3학년 때부터 남들처럼 별생각 없이 친구들과 함께 영어학원을 다녔었다. 기초 파닉스, 원어민 선생님과 영어 회화 수업도 했었다.

중학교 올라와서도 별반 다를 건 없었다.

동네 유명하다는 영어학원을 다녔었다. 보통 학원과 마찬가지로 단어 외우고 듣기, 쉐도잉을 배웠었다.

어려운 문법 용어가 나오면 잠이 쏟아지기 일쑤였다. 학교 내신은 교과서 위주였기 때문에 교과서 본문만 달달 외우면 문제없었다. 중요 표현, 어법에 대해서 이해를 못하더라도 그냥 무작정 암기하면 90~100점은 문제없이 나왔었다. 나는 영어를 나름 잘한다고 착각하고 있었던 것이었다.

문제의 심각성은 고등학교 첫 모의고사를 치르고 나서였다.

순간 내 눈을 의심했다. 40점이라니? 중학교 때는 영어뿐만 아니라 다른 과목에서도 받아보지 못한 점수였다. 중학교 때 열심히 공부해서 지역 내 상위권 고등학교에 입학했었다. 나름대로 자부심도 갖고 부푼 기대를 하고 고등학교에 왔지만, 첫 모의고사 점수를 보고 충격을 받았다.

내 영어 실력이 이제야 뽀록난 것이었다.

더 막막한 것은 영어 공부를 어디서부터 다시 시작해야 할지 모르겠다는 것이었다. 모의고사 문제를 풀어도 풀어도 해석은 잘되지 않았고 시간은 늘 모자랐다. 어쩌다 해석이 된다고 하더라도 내용을 이해 못 하는 것이 다반사였다.

문제를 풀면 풀수록 영어를 공부하면 할수록 미궁 속에 빠져버린 느낌이었다.

● 도대체 문제가 뭘까?

도대체 문제가 무엇인지 곰곰이 생각해보았다.

초등학교 3학년 때부터 중학교 3학년 때까지 약 7년간 영어학습지, 영어학원을 다니면서 배웠지만 정작 지금 내가 받은 모의고사 점수는 40점이었다.

영어지문은 해석도 잘되지 않았고 문법은 계속해서 들었지만, 그저 어려운 문법 용어 몇 개밖에는 생각나지 않았다. 영어 회화도 물론 잘할 리가 없었다. 그 뒤로도 계속 방황하면서 시간을 흘려보냈다.

영어 점수 잘 나오는 친구들을 보면서 부러워하기만 했다. 그러다가 문득 지금 영어 공부를 하지 않으면 나중에 후회할 것 같다는 생각이 들었다. 친구 따라서 유명한 영어학원을 다시 가보기도 하고 개인과외도 받아봤었지만 다 비슷비슷하고 실력은 나아지지 않았다. 모의고사 점수는 제자리였고 영어 공부보다 다른 과목 공부에 더욱 집중했다.

학원이나 과외로는 효과를 보지 못해서 더 이상 하지 않았다. 대신에 인터넷 강의를 찾아보았다.

그 당시 노량진 스타 강사들이 대세였기에 몇 분의 선생님을 찾아 맛보기 강의를 들어보았다. 그중 한 분의 강의가 눈에 띄었고 압도적인 카리스마에 이끌려서 곧바로 신청하고 듣기 시작했다.

선생님은 어려운 문법 용어에 집착하는 것보다는 해석법을 정확히 알고 그냥 따라 하는 것이 중요하다고 하셨다.

선생님의 강의를 듣고 나는 영어를 극복할 수 있었고 그로 인해 인생이 180도 바뀌게 되었다.

이제부터 영어를 어떻게 극복했는지 그리고 어떠한 생각 하지도 못한 기회들이 왔는지 그리고 그 경험들을 통해 내 인생이 어떻게 바뀌었는지에 대해 알려주고 싶다.

나의 20대 10년을 바꿔준 인생 멘토 노량진 영어 선생님

It's lack of faith that makes people afraid of meeting challenges, and I believe in myself. - Muhammad Ali

믿음이 부족하기 때문에 도전하길 두려워하는 바, 나는 스스로를 믿는다. -무하마드 알리

● Just do it! 생각하지 말고 그냥 따라 해라

선생님은 "생각하지 말고 그냥 내가 가르쳐주는 대로 따라 해라."라고 늘 말씀하셨다.

우리가 수업을 들으면서도 '과연 이번에도 될까?' 하고 생각하는 것이 눈빛과 표정에서 보였는지 더는 의심하지 말고 따라 하라고 하셨다.

"Just do it!! 의심하지 말고 그냥 따라 해라. 너희들이 너 자신을 의심하는데 어떻게 공부를 잘할 수 있겠니?"

"내 눈엔 너희들이 무슨 생각하는지 다 안다. 내 수업 듣고 영어 점수 잘 나온 애들이 한두 명이 아니니까 그냥 날 믿고 따라 해라. 그러면 다 된다. 의심하는 시간도 아깝다."

이렇게 직설적으로 말하는 선생님은 처음이었다.

강력한 포스에 끌렸고 집중할 수밖에 없었다.

확신에 찬 말투에 신뢰가 갔다.

영어라는 과목이 가뜩이나 지루한 데다 꾸준히 공부하기 힘든데 선생님 수업을 들을 때는 시간 가는 줄 몰랐다.

수능 중심 영어 강의였지만 단지 수능시험만을 위한 답 찍기식의 강의가 아니라 진짜 영어를 활용할 수 있도록 만들어 주셨다.

"나도 원래 수학이나 과학을 더 좋아했었다. 어렸을 때부터 기계 조립하고 분해하는 것을 좋아했었어. 영어가 잘 안되더라고. 근데 별수 있나. 그냥 무작정 공부해보고 학교에서 공부 잘하는 친구한테 어떻게 하냐고 물어보기도 했다. 언어적 감각이 타고난 사람들은 금방 따라 하거나 안 가르쳐줘도 알아서 잘하지. 하지만 나는 그게 아니었기에 더욱 열심히 했었어. 고등학교 3년 내내 성문종합영어를 거의 열 번 이상 반복해서 봤었다. 그랬더니 영어를 어느 정도 알겠더라고. 물론 아직도 갖고 있고 지금도 보고 있다. 책이 거의 박물관에 전시해야 할 정도로 너덜너덜해졌다."

"내가 영어에 타고난 사람이 아니라 잘 못했지만 극복한 사람이라 너희들의 입장이 이해가 잘 간다. 나는 이 방법 저 방법 다 해보느라 시간이 오래 걸렸지만, 너희들은 나처럼 시간 낭비하지 않기를 바란다. 내가 수년간에 걸쳐서 공부하고 연구한 것을 바탕으로 알려주는 것이니 날 믿고 따라 했으면 좋겠다."

선생님의 진심이 느껴졌고 이번이 정말 마지막이라는 마음으로 제대로 영어 공부를 해야겠다는 마음이 들었다.

● 영어는 Why?가 아닌 How!

선생님은 우리가 영어를 못하는 이유는 수학 공부하듯이 'How 이렇게?'가 아닌 'Why왜?'를 생각하기 때문이라고 하셨다.

영어를 공부하고자 한다면 'Why왜? 이 말을 이렇게 사용하지? 왜 이런 단어, 문법이 사용되었지?'라고 하는 것이 아니라 'How 어떻게 말하면 될까? 현지인들은 이 상황에서 어떻게 말을 하지?'

라고 생각해야 한다.

현지인들이 어떤 상황에서 어떻게 말하는지를 보고 그냥 생각하지 말고 따라 하면 된다는 것이다.

항상 '5형식은 왜 이렇게 될까? 왜 여기에는 ~ing가 아니라 to v가 오는 걸까?'라고 생각하면서 공부했기에 머리를 한 대 맞은 느낌이었다.

그 이후로 영어를 배울 때 어떻게 표현하고 사용하는지 따라 하고 익숙해지기 위해서 반복을 계속했다.

● 어려운 문법 용어에 집착하지 마라

영어 문법 하면 '주격 보어' '주격 목적격 관계대명사' '가정법 과거 사실과 반대' '사역동사' 등등 한글 말로도 이해하기 어려운 문법 용어부터 생각난다.

하지만 선생님은 영어보다 이런 용어들에 집중하고 이해하느라 시간 낭비를 하고 있다고 말씀하셨다.

결국 아무리 이론을 듣더라도 해석할 수 없는, 활용할 수 없는 영어를 하는 데 많은 시간을 쏟아붓고 있다고 했다.

물론 우리 한국인에게는 모국어가 아니다.

그래서 문법을 처음 배울 때 이해하기 위해서는 이런 용어들을 이해하는 것이 중요하다. 하지만 문법적 용어에만 집착하기보다는 해석법에 중심을 두고 활용할 수 있도록 공부해야 한다. 문법을 배우고 바로 간단한 예문이라도 만들어 보고 말하는 연습까지 해야 한다.

첫 강의는 우리가 10년을 배웠는데도 헷갈리는 동사의 형태 수업이었다.

1형식, 2형식, 3형식… 완전자동사, 불완전타동사… 솔직히 용어 자체부터 너무 어렵고 헷갈린다.

하지만 '1형식은 완전자동사라고 기억하는 것이 아니라 그냥 S가 V 하다'라고 읽고 해석만 하면 된다고 했다. 예를 들어, He runs.라는 문장을 보았을 때, 이게 몇 형식인지에 집착할 것이 아니라 그냥 '그가 달린다'라고 해석을 하면 된다는 것이었다.

'He is a doctor.'라고 하면 이 문장이 2형식인지 2형식은 '주어+동사+주격 보어'였나?'라고 생각하는 것보다는 그냥 '그는 의사이다.'라고 해석만 할 줄 알면 영어를 말하는 데 아무 문제가 없다.

'ask+A+to v' 하면 'A에게 to v하라고 요청하다'라고 해석하는 법만 알면 문제가 없다.

여기서 몇 형식인지 정확히 분석하고 '주격 보어인지 목적격 보어인지?' '왜 ~ing가 아니고 to v가 왔는지?' 그렇게 생각하면 수학이 된다는 것이다.

물론 한국 내신 시험이나 입시 시험문제를 풀기 위해서는 알 필요가 있다. 하지만 너무 문법적 용어에 집착할 필요는 없다는 것이다.

가장 중요한 것은 여러 가지 예문을 만들어 보는 것이다.

반복 해석 연습을 통해 완벽히 자기 것으로 만들어야 한다.

예문을 만들고 암기해버리면 훨씬 더 효과적일 수 있다.

He asked me to open the window.
(그는 나에게 창문을 열어 달라고 요청했다.)

I asked him to help my friend.
(나는 그에게 나의 친구를 도와달라고 요청했다.)

더 나아가 ask요청하다와 같은 뜻으로 쓰이는 동의어를 찾아보는 것이다.

추가로 ask의 동의어인 require/request도 같이 메모하고 암기하는 것이다. 단어 하나를 외우더라도 동의어까지 외운다면 배가 되기 때문이다.

추가로 '지각동사, 사역동사 같은 경우도 5형식, 목적어 다음에 동사원형' 이런 식으로만 외우는 것이 아니라, 'have＋목적어＋V동사원형'은 '목적어에게 동사하게 시키다' 'see＋ 목적어＋V동사원형'은 '목적어가 동사하는 것을 보다'라고 해석을 익히는 것이 우선이다. 해석하는 법을 정확히 알고 아래와 같이 여러 가지 예문을 만들어 보고 연습하면 체득화될 수밖에 없다.

I have him fix the car
(나는 그에게 차를 수리하게 시킨다)

I had her solve the problem
(나는 그녀에게 그 문제를 풀게 시켰다)

I see him enter the building
(나는 그가 그 빌딩에 들어가는 것을 본다)

He saw the thief steal my bag
(그는 그 도둑이 내 가방을 훔치는 것을 보았다)

이렇게 1~2문장이라도 만들어 보고 해석 연습을 해야 한다.

단지 '사역동사, 지각동사 다음에는 동사원형이 온다'라고 외우고 몇 가지 문법 문제 답만 찍고 넘어가면 그 이상의 발전은 힘들다.

하루에 한 가지 예문만 만들어도 1년이면 365개의 문장이 된다.

우리는 이 문장들을 읽고 듣고 말하고 쓸 수 있게 되는 것이다.

'영포자'였던 나에게는 희망이었다.

언어적 감각이 부족한 나에게는 한 단어도 빼먹지 않고 해석하면서 설명해주는 선생님은 처음이어서 이해가 잘 되었다.

대부분의 문법 책들을 보면 문법 용어들로 가득해 시작조차 어려웠다. 하지만 선생님은 해석 중심으로 이해되기 쉽게 알려주셨다.

수업을 한 번 듣고 난 후 문제를 풀 때 막힘없이 다 풀 수 있었다.

이렇게 해석도 잘 되고 문제가 잘 풀리는 적은 처음이어서 신기했고 점점 더 영어 공부에 재미를 느낄 수 있었다.

어떤 분야에 대해서 모를 때는 그 분야에서 가장 성공한 사람을 그냥 따라 하는 것이 정답인 것 같다. 단, 생각하지 말고 의심하지 않고 그저 따라 하는 것이 중요하다.

● 그래서 니다, 게으름을 피운 대가?

선생님은 영어뿐만 아니라 수업 중에도 정신이 번쩍 들게 할 만한 인생 조언, 쓴소리들도 많이 해주셨다.

게으름 피우는 것을 무척이나 싫어하셨다.

항상 "게으름을 피우지 마라. 네가 게으름을 피우면 네 주변 사랑하는 사람들이 힘들어질 것이다."라고 말씀하셨다.

살면서 아무도 이런 말을 해주는 사람이 없었다. 잠깐 졸음이 올 때마다 정신이 번뜩 들었다. 흔히 어른들이 말씀하시기를 "뭐든지 다 때가 있다."라고 하신다.

게으름을 피우는 그 순간은 행복하지만, 나중에는 반드시 그 대가를 치를 것이다.

힘든 공부를 안 하고 미루는 순간은 행복하지만, 나중에 결국 쌓여서 돌아올 것이다.

선생님은 수업 시간에 조금이라도 졸거나 턱을 괴고 있거나 필기를 안 하고 있으면 엄청 무섭게 혼내셨다.

"너 턱 괴지 마라. 지금 나도 수년째 강의하면서 똑같은 필기를 수백 번 하고 있는데 처음 들으면서도 안 하는 건 도대체 뭐니?"

"게으름 피우지 마라. 그래서 니다."

"덜 독한 놈은 더 독한 놈에게 지배당하면서 산다. 공부는 기본적으로 열심히 잘해야 한다."

"지금 방심하는 한순간 때문에 네 인생 전체가 망할 수도 있어. 그러니까 정신 차리고 민첩하게 움직여라."

보통의 친절한 선생님과는 정반대였지만 오히려 학생들을 정말 진심으로 생각하니까 걱정돼서 하는 말씀이라는 것이 느껴졌다. 엄격하고 현실적으로 말씀해주시는 선생님이 나에게는 더 잘 맞았고 좋았다.

나도 과외나 학원에서 수업하는 일을 해봐서 알게 되었지만, 누

군가를 가르친다는 일은 정말 에너지가 많이 소모되는 일이다.

그런데 선생님께서는 수업 시간마다 "게으름을 피우지 마라." "정신이 육체를 지배하게 해야 한다."라며 투박하고 거친 말투로 응원해 주셨다.

가끔은 너무 직설적이어서 무섭기도 했다.

영어라는 과목이 실력이 금방 늘지 않은 데다 공부하기 어렵고 꾸준히 하기에 힘들었던 나에게는 잡아주는 선생님이 계셔서 포기하지 않고 끝까지 할 수 있었던 것 같다.

특히 매일 새벽 5시 기상해서 독서와 운동은 무조건 빼놓지 않고 하신다는 선생님께서는 항상 말보다는 직접 행동으로 보여주셨다.

그리고 영어를 못했던 수많은 제자의 인생을 바꿔주었다.

운동선수가 꿈이어서 운동만 했는데 도중에 다쳐서 운동을 못하게 되었지만 독하게 공부해서 해외대학교까지 입학한 학생, 온갖 영어학원과 영어 과외를 받아도 제자리였지만 성적을 단기간에 1등급을 받아 의대까지 간 학생, 영어 7등급에서 몇 개월 만에 1등급을 받은 학생, 영어를 못했지만 지금은 해외 유명 회사에서 근무하고 있는 학생 등등 셀 수도 없이 많다.

나 또한 선생님 덕분에 인생이 바뀌게 되었고 지금은 영어로 먹고살고 있다.

"공부는 타고난 것이 아니라 방법만 알고 잘 따라 하면 된다. 공부는 유전자라고 하는 건 미친 소리다. 포기하지만 않으면 누구나 다 할 수 있는 거야."

"보고 또 보고. 이거 하나만 명심하면 돼. 공부 잘하는 사람들은 자신이 배웠던 거 까먹을까 봐 복습하고 또 복습한다. 그러면 만점은 누구나 맞을 수 있어."

"공부 좀 잘한다고 자만할 필요도 없고 지금 좀 못한다고 주눅들 필요가 절대 없어. 포기만 하지 않으면 돼."

"될 때까지 하면 되는 거야."

공부하다가 나태해질 때쯤에 이런 말들을 해주셔서 그때마다 다시금 마음을 다잡을 수 있었다.

물론 선생님의 말씀을 듣고 나서 곧바로 행동으로 옮기기는 쉽지 않았다. 하지만 정신 차리고 살지 않으면 당장 망할 것 같다는 느낌이 들어서 항상 긴장하며 사는 습관을 갖게 되는 계기가 되었다.

기뜩이니 영어는 한 나라의 언어를 배우는 것이기 때문에 조금 공부한다고 해서 금방 실력이 늘지 않는다. 그래서 더욱 꾸준히 하기가 힘든 것이다.

나는 영포자이기도 했고 영어에 흥미도 없었다. 하지만 선생님의 진실하고 카리스마 있는 수업 덕분에 동기부여를 받아 포기하지 않았다. 그 덕분에 결국 나는 영어를 극복할 수 있었다.

● 영어 덕분에 인생이 송두리째 바뀐 나의 20대

고등학교 때는 수능만 보면 끝일 줄 알지만, 대학교 입학한 이후부터 진짜 시작이다.

대학교 때는 영어 수업은 물론 영어로 된 원서도 읽을 줄 알아야 한다. 졸업 요건에 토익 점수는 필수이며 취업할 때도 피해갈 수 없다.

영어는 공부해도 해도 끝이 없다. 단기간 내에 마스터하겠다는 마음은 버려야 한다.

지금 나의 20대를 되돌아보면 다양한 경험을 많이 해본 것 같다. 전부 영어와 관련된 경험들이다. 영어를 극복한 덕분에 많은 기회를 얻을 수 있었다. 대학교에 입학하면 학교 공지사항을 잘 보기를 바란다. 해외 어학연수 프로그램, 교환학생, 해외 봉사 등 해외에서 할 수 있는 활동들을 많이 지원해주기 때문이다.

나도 학교에서 지원해주는 프로그램 덕분에 난생처음 영국에도 가볼 수 있었고 영어 수업을 통해 더욱 영어 실력을 키울 수 있었다.

또한 평택 미군부대에서 일할 기회를 얻어 영어로 입이 트이는 계기가 되었고 나아가 미국 취업까지도 할 수 있었다. 아마 내가 영어를 포기했다면 그리고 꾸준히 공부하지 않았다면 아마 이런 소중한 경험들을 모두 놓쳤을 것이다. 영어를 놓지 않은 덕에 내 인생이 더 좋은 방향으로 갈 수 있었던 것 같다. 영어를 할 줄 알면 인생이 바뀐다는 말이 괜히 생겨난 게 아니다.

이 책을 읽고 있는 여러분들은 꼭 영어를 공부해서 좋은 기회들을 얻는 경험을 하기를 바란다.

이 모든 경험을 할 수 있도록 발판을 만들어 준 노량진 영어 선생님께 정말 감사한 마음을 갖고 있다. 영어뿐만 아니라 인생을 어떻게 살아가야 할지 동기부여를 주어서 더욱 열심히 살아가는 데 원동력이 되어준 것 같다.

영국 버밍엄 홈스테이,
난생처음 해외에 나가 보다

Challenges are what make life interesting; overcoming
them is what makes life meaningful.　　- Joshua J. Marine

도전은 인생을 흥미롭게 만들며, 도전의 극복이 인생을 의미
있게 한다.　　　　　　　　　　　　　　- 조슈아 J. 마린

● 영국에 갈 수 있다고? 게다가 홈스테이?

대학교에 입학한 지 엊그제 같았는데 금세 1년이 지나가 버렸다.

'이번 방학에는 공부를 좀 해볼까? 아니면 그냥 아르바이트나

해서 용돈 좀 더 벌까?'라고 고민하고 있었다.

혹시나 학교 홈페이지 공지사항에 도움이 되는 게 있지 않을까

보았다.

한 가지 눈에 띄는 공고가 있었다. 영국 어학연수 프로그램이었다.

'영국 어학연수? 요즘에 어학연수 가는 사람들도 많고 비용도 만만치 않다는데… 한번 지원이나 해볼까?'

해외에 갔다 오면 확실히 시야도 더 넓어지고 생각이 바뀔 거라는 주위 사람들의 말이 생각났다.

해외를 한 번도 가본 적이 없어서 이번 기회에 꼭 가보고 싶었다.

어학연수 프로그램 지원자 기본자격요건은 토익 점수와 학점이었다. 토익 점수는 미리 만들어 놓아서 다행이었다.

'합격하면 좋은 거고 안 되면 마는 거지 뭐' 하는 생각으로 지원을 했다.

영어 면접도 있어서 어렵고 경쟁률이 높았다. 별 기대를 안 했지만 운 좋게도 합격 통보를 받았다. 기분이 너무 좋아 여기저기 자랑하고 다녔던 기억이 난다.

주중에는 학교에 가고 주말에는 문화 체험하는 것으로 스케줄이 정해졌다.

외국인 친구들과 같이 수업을 받는 모습을 상상하면서 혼자 미소를 지었다.

숙소는 각각 홈스테이로 할 거라고 했다.

'단체 숙소가 아니고 홈스테이라고?'

미국 드라마나 영화에서 보았던 외국인 가정집이 상상되었다.

외국인 가족들과 함께 지낸다고 생각하니 신기하고 설레기도 했다. 하루빨리 영국에 가고 싶고 그곳 생활의 모든 것이 궁금했다.

● 영국 할머니와 첫 만남

드디어 영국 가는 날.

그날은 눈이 많이 왔었다. 예상치 못하게 항공기가 지연되어서 원래 일정보다 한 6시간은 늦게 출발한 것 같다. 11시간에 걸쳐서 런던 공항에 도착했다.

같이 온 친구들 모두 오랜 시간에 걸쳐 도착해 지친 표정이었지만 마음은 들떠 있었다.

영국에 도착했을 때는 겨울이라 눈이 내리고 있었고 날씨가 너무 추웠다.

눈이 내리는 와중에 장난감 같은 영국의 빨간색 이층 버스를 보고 있는데 그림의 한 장면 같기도 했다.

공부할 학교에 먼저 들러 인사를 나누고 각자 홈스테이하기로 한 집으로 향했다.

내가 지낼 곳은 할머니 한 분이 계셨다. 할머니와 첫 만남이 어색했지만 너무나도 반갑게 맞아 주셔서 고마웠다.

"Hi Nice to meet you"
(안녕 만나서 반가워)

"What is your name?"
(이름이 뭐니?)

"Hi.. Nice to mee..t you.."
(아 네 안녕하세요.. 저도 반갑습니다)

"My name is Dahye Shin"
(제 이름은 신다혜예요)

할머니가 춥다며 얼른 들어가자고 했다. 안락하고 고요한 이층 집이었다.

할머니 혼자 살고 계시며 가끔 친구들 자식들이 놀러 온다고 하셨다.

내가 상상했던 집은 가족들이 북적북적한 집이어서 그런지 조금 심심하겠다고 생각했다. 하지만 나중에 겪고 보니 할머니는 무척 유쾌한 성격인데다 친절하게 이것저것 잘 챙겨주셔서 고맙고 즐겁게 지낼 수 있었다.

● 해외에 굳이 나가 봐야 할까?

주중에는 수업을 듣는 데 전념하고 주말에는 런던, 버밍엄 유명 관광지 빅벤Big Ben, 버킹엄 궁전Buckingham Palace, 옥스퍼드대학교Oxford University, 셰익스피어 생가Shakespeare's Birthplace 등 여행을 다녔다.

영국은 가는 곳마다 언젠가 엽서에서 본 그림의 한 장면 같아서 건물도 풍경도 나무도 모두 예쁘게 보였다.

친구들과 계속 감탄하면서 돌아다녔다. 왜 그렇게 사람들이 유럽 여행을 많이 오는지 이해가 되었다.

그리고 해외에 나와 보니까 '내가 진짜 우물 안 개구리'였구나 하는 생각이 들었다.

영국에 오기 전에는 '해외에 나가 보면 시야가 넓어지고 생각이 바뀐다고 하는데 뭐 별거 있겠어? 국내와 무슨 차이가 있을까?' 하는 마음이었다. 하지만 영국에 와보니 왜 해외에 나가보는 것을 권하는지 이해가 갔다.

짧은 시간이었지만 나중에 영어를 쓰는 직업, 해외와 관련된 직업을 갖고 전 세계를 무대로 돌아다닐 수 있는 일을 하고 싶다는 꿈을 갖게 되었다.

해외에 나갈 기회가 있다면 주저하지 말고 가보기를 추천한다. 단 며칠이라도 얻는 게 많을 것이다.

주변 사람들이 아무리 좋다고 해도 직접 경험해보지 않으면 절대 모른다. 기회가 있을 때 한 살이라도 어릴 때 잠깐 여행이라도 가보기를 바란다.

● 외국인 친구 사귀기

해외에 나가면 외국인 친구들이 저절로 생길 줄 알았다. 하지만 먼저 다가가지 않으면 아무도 관심이 없다.

같이 수업을 듣는 외국인 친구들도 있었지만 '영어를 잘 못하는데 말을 걸어봐도 괜찮을까?' 하는 생각에 처음에는 잘 다가가지 못했다.

나는 현지 아이들과 친해지고 싶었다. 낯가림이 있는 편이라 부끄러웠지만 먼저 말을 걸려고 최대한 노력했다.

일부러 문제를 물어보기도 하고 소소한 이야기로 대화를 이어가려고 했다.

"Hi Jane, My name is Dahye."
"HI, Dahye, Nice to meet you!"

"How are you today..? "
"I am very good ~"

"Where are you from?"
(어디서 왔니?)

"I am from Korea. South Korea"
(나는 한국에서 왔어)

"It's first time England and classes"
(난 영국이 처음이야 이 수업도)

문법이 틀리더라도 그냥 대강 말했지만, Jane이란 친구는 다 알아들었다.

"Oh really? I have been to Korea!!"
(오 정말? 나 한국 가본 적 있는데!!)

놀랍게도 Jane은 한국에 갔다 와 본 적이 있다고 했다. 한국 언제 어디 갔다 왔는지, 그리고 어땠는지에서부터 시작해서 이야기가 끊이질 않았다.

그 이후로 Jane과 나는 친하게 지냈다.

나중에는 다른 외국인 친구들과도 친하게 지낼 수 있었고 여행도 자주 다녔다.

● I am sorry? 뭐가 미안하다는 거지?

영국에 와서 'I am sorry?'란 말을 많이 들었다. 처음엔 '미안한 상황이 아닌데 뭐가 자꾸 미안하다는 거지?'라는 생각을 했었다. 알고 보니 'Pardon? 다시 말씀해 주시겠어요?'라는 의미로 많이 사용하고 있었다.

예를 들어, 상대방이 질문했는데 잘못 알아들었을 때 'Pardon?' 보다는 'I am sorry?'라는 말을 더 자주 사용한다는 것을 알게 되었다. 혹은 실수하거나 길 가다가 잘못 부딪혔을 때도 "I am sorry"라는 말을 많이 사용했다.

영어책에서는 'Pardon?' 'I beg your pardon?' 'Please tell me again'이라고 봤었는데 현지에서는 'I am sorry?' 'Could you repeat that?'이라는 말을 더 자주 사용하고 있었다.

그래서 영어를 책으로 공부하기보다는 드라마, 영화, 라디오, 뉴스로 공부하라는 말에 공감이 되었다.

● 영국 할머니와 수다 떨기

주중에 학교에서 끝나고 돌아오면 저녁 식사를 한 뒤 할머니와 이야기를 많이 하려고 노력했다.

사소한 말들이었지만 나는 어렵게 콩글리쉬를 섞어가면서 이야기했다.

어렵게 한 문장 한 문장씩 직접 말해보았더니 그 문장이 틀리더라도 기억에 오래 남았다.

우리가 일상 회화로 말하는 것은 대부분 눈으로 읽기에는 전혀 어려운 문장이 아니다. 그런데도 입으로 말하기까지 정말 오래 걸리는 이유는 초등학교 때부터 대학교 또는 직장인이 되어서도 영어로 말하는 연습을 전혀 하지 않기 때문이다.

영어를 사용하지 않는 직장이나 직업이면 영어와는 담쌓게 되는 경우가 많다.

하루 한 문장이라도 좋으니 영어를 포기하지 않았으면 한다.

영어를 할 줄 알면 못할 때와는 다르게 상당히 기회가 많아지고 편리해진다.

해외여행을 가더라도 영어 때문에 스트레스를 받을 일이 없다.

어떤 정보를 찾을 때도 훨씬 더 많고 유익한 숨은 정보를 발견할 수도 있다.

그러니 하루 한 단어 한 문장이라도 꼭 공부해보기를 바란다.

● 아쉬움을 뒤로한 채 컴백홈

시간이 순식간에 지나갔다. 벌써 한국에 돌아가야 할 시간이 왔다.

같이 간 친구들 모두 "영국에서 살고 싶다.""기간이 너무 짧다.""한국 돌아가기 싫다."라면서 많이 아쉬워했다.

나도 짧은 시간이었지만 해외에 나와서 수업도 들어보고 외국인 친구들도 만나면서 많은 경험을 했다.

같이 살던 할머니와 헤어질 때도 굉장히 아쉬웠다. 그새 정이 들었는지 살짝 눈물이 났다.

"Dahye, It was so nice meeting you"
(다혜, 너를 만나서 정말 좋았어)

"If you come to England again, call me and visit my home"
(다시 영국에 오게 되면 연락하고 우리 집 놀러 오렴)

"When you arrive in Korea, please call me"
(한국에 도착하면 연락해줘)

'영국에 또 언제 올 수 있을까?' 하는 아쉬움을 뒤로한 채 한국으로 돌아왔다.

한국에서 며칠 지나고 나니까 마치 영국에 갔다 왔던 것이 꿈을 꾼 것 같았다.

대학교 국제통상법 영어강의, 내 인생의 터닝 포인트

You create your opportunities by asking for them.
- Patty Hansen

기회를 찾아야 기회를 만든다.   – 패티 헨슨

● 영어를 사용할 수 있는 환경설정이 중요하다

영어를 하기에 좋은 방법은 영어를 사용할 수밖에 없는 환경설정을 만드는 것이다.

나는 그중 하나로 대학교 영어강의를 활용했다.

영국을 다녀와서 설렘도 잠시 다시 일상으로 돌아와 똑같이 학

교에 가서 수업을 듣고 공부하고 친구들과 놀기를 반복하며 지냈다. 그러다가 대학교 3학년 1학기 수강 신청을 할 때 전공 수업이 영어로 진행되는 강의가 있는 것을 발견했다. 100% 영어로 수업이 이루어지고 과제도 시험도 영어로 해야 한다고 해서 학점 받는 것이 어렵지는 않을까 잠시 고민했던 기억이 난다.

하지만 '기회가 있을 때 할 수 있는 건 다 해보자'라는 생각에 신청했다.

수업 첫날 교수님께서는 강의실에 들어오시자마자 "한 번 더 생각할 기회를 주겠다.

지금 수업을 듣기 힘들 것 같다거나 어영부영 시간 때우려고 하는 사람이 있다면 지금 나가도 좋다."라고 말씀하셨다.

어중이떠중이 식으로 수업에 임하려고 한다면 다른 강의를 들으라는 의미였다.

처음엔 무슨 상황인가 싶어 당황스러웠지만, 교수님의 그런 모습에 더 신뢰가 간 것 같다.

교수님께서는 젊으신 편이어서 친근한 느낌이 들었고 재미도 있으셔서 수업에 집중이 잘 되었다.

영어 발음 또한 너무 좋으셔서 놀랐다. 유창한 영어로 수업을 진행하는 모습을 보면서 '나도 언젠가는 저렇게 유창하게 말할 수 있는 날이 올까?' '어떻게 하면 저렇게 영어로 말을 할 수 있을까. 너무 부럽고 멋있다'라는 생각밖에 안 들었다.

전공이 국제지역통상학과여서 무역과 관련된 국제통상법Inter-national Trade Law에 관한 수업이었다.

대부분 정형화된 표현에 속도도 느린 수능 영어 듣기나 토익 듣기 같은 것만 주로 해와서 처음에는 교수님께서 영어로 말씀하실 때 많이 놓치기도 하고 듣기가 서툴렀다.

그래도 온 신경을 곤두세워서 듣고, 이해가 안 되면 중간중간 교수님께 여쭤보며 이해하려고 노력했다.

관세, WTO 어려운 용어들이 많았지만 명쾌하고 쉽게 설명을 잘해 주셔서 이해가 잘 되었다.

첫 중간고사 시험이 다가오고 있었다.

교수님께서는 "시험은 정말 쉬울 거야. 내가 가르쳐준 대로만 풀면 돼. 너무 걱정할 거 없어"라고 하셨다. 하지만 학생들은 공감이 안 된다는 표정을 짓고 있었다. 나도 '영어 에세이 시험인데 쉬울 리가 있나'라고 생각했다.

시험 전날은 긴장한 탓에 잠을 거의 못 잤었다.

수능 공부나 토익 공부 중심으로 해왔던 나는 독해랑 듣기는 익숙했지만 에세이 식으로 영작을 해보는 건 거의 처음이었다. '그냥 마음 비우고 공부한 대로 최선을 다해서 풀자'라고 다짐하고 문제를 풀기 시작했다.

시험은 너무 어렵지도, 쉽지도 않아서 결과를 예상할 수 없었다. 그저 시험이 끝나서 마음은 후련했다.

그다음 시간에 시험 결과가 나왔는데 생각보다 점수가 잘 나와서 놀랐다.

교수님께서도 점수 잘 나왔다며 칭찬해주셨다. 걱정을 많이 했는데 다행히도 점수가 잘 나와서 기분이 좋았다. 영어 쓰기도 할 수 있다는 자신감이 생겼고 더 열심히 해야겠다는 마음이 들었다.

항상 무언가 새로운 일을 시작하기 전에는 '과연 내가 할 수 있을까?' 하는 두려움이 있다. 그런데 막상 하고 나면 생각보다 별거 아니라는 마음이 들 때가 많다.

처음에는 어렵더라도 언제 그랬냐는 듯 익숙해지고 쉬워진다. 영어 수업도 그랬다.

'100% 영어로 진행된다는데 과연 내가 할 수 있을까?' 하는 마음이 들었지만, 막상 해보니 따라갈 만했고 시험 점수를 떠나서 영어 에세이를 써본 기회를 만든 것이다.

영어와 친해지고 싶다면 '영어를 사용할 수 있는 환경설정'을 만들어라.

거창한 게 아니더라도 좋다.

읽기, 듣기, 쓰기, 말하기 중 하나라도 좋다. 단 5분이라도 좋다. 습관을 들이는 것이 중요하다.

목표나 계획을 세울 때 거창한 게 아니라 사소한 것부터 시작했으면 좋겠다. 사소한 것이 목표를 달성하기도 쉽고, 달성했다는 것에 성취감과 자신감이 생기기 때문이다. 사소한 것부터 잘해야 나중에 큰일도 잘할 수 있다.

● 한국 vs 일본 김 무역분쟁? 영어 프레젠테이션 도전

영어 에세이뿐만 아니라 조별로 WTO 무역 분쟁사례에 관련해 영어로 PPT 자료를 만들고 프레젠테이션을 진행하기도 했다. 4인 1조로 구성되었고 규칙은 무임승차를 방지하기 위해 팀원들 모두 영어 발표를 해야 한다는 것이었다.

발표하는 건 떨리지만 영어로 말해 볼 수 있는 좋은 기회라고 생각했다.

우선 주제를 정해야 했기에 우리 조는 WTO 분쟁사례 중 무엇을 할 것인지에 대해 의논하기 시작했다.

"WTO 분쟁사례가 너무 많다. 어떤 게 가장 흥미로울까?"

"너무 어려운 주제는 오히려 별로일 것 같아. 이해하기 쉽고 재미있는 것이 좋을 것 같은데."

"Laver? Laver가 뭐지? '김'이라는 뜻이네? 무슨 김 무역분쟁 사례가 있어?"

"우리나라랑 일본이랑 김과 관련된 무역분쟁이 있었나 봐. 이런 것도 있구나. 신기하다."

"이거 재밌을 것 같은데 이걸로 주제 정하는 게 어때?"

"이해하기 쉽고 재밌을 것 같긴 하다. 난 좋아!"

조원 모두가 관심을 보였고 동의했다. 더군다나 서로 앙숙인 우리나라와 일본 사이의 김 분쟁이라니 어떤 내용인지 궁금하기도 했다.

한국과 일본 간의 '김 무역분쟁'은 일본 정부가 독점적으로 한국에만 할당해 주던 수입 쿼터를 2004년 값싼 중국제품에도 주기로 하면서 일어난 무역분쟁 사례였다.

조원 중 한 명이 "우리 발표하면서 사람들한테 한국, 일본, 중국 김을 실제로 구해서 블라인드 테스트를 해보는 건 어때?"라고 제안을 했다. 조원들 모두 재밌을 것 같다며 동의했다. 다들 열정적으로 발표를 준비했었기 때문에 준비하는 과정이 재미있었다.

주제와 관련된 영어신문 기사 및 자료들을 찾아보면서 내용을 정리하고 PPT를 만들기 시작했다. 영문으로 PPT 만드는 건 처음이어서 예시를 봐도 '이렇게 하는 게 과연 맞는지?' 헷갈렸다.

직접 영어로 된 기사를 읽어보고 조원들과 토론해보는 과정에서도 새롭게 알게 되는 것들이 많았다.

또한 대본 스크립트를 만드는 과정에서도 영어 실력이 많이 향상된 느낌이었다.

물론 중간에 어려워서 포기하고 싶다는 마음도 들었고 몇 번의 위기가 있었다.

발표 당일, 우리는 미리 연습한 대로 발표 중 한국, 일본, 중국 김을 구해서 깜짝 블라인드 테스트를 진행하였다.

"We will make a presentation on 'Laver' trade dispute between Korea and Japan"
(우리는 한국과 일본 간의 김 무역분쟁에 대해 발표할 것입니다)

"Before we start, we prepared a blind test and it will be interesting"
(시작하기에 앞서 우리는 한 가지 블라인드 테스트를 준비했습니다. 재밌을 거예요)

"We have different kinds of lavers made in Korea, Japan and China and will give you them"
(우리에게는 한국, 일본, 중국 다양한 종류의 김이 있습니다. 여러분들에게 나눠줄 거예요)

> "Guess the answer about which laver is made in Korea and feel how they taste different"
>
> (어떤 김이 한국 김인지 맛이 어떻게 다른지를 느껴보세요)

친구들 모두 재밌어하고 분위기가 좋아졌다. 교수님 또한 "이게 뭐야? 준비 많이 했네. 정말 잘했다. 수고 많이 했어."라고 칭찬하셨다.

서툰 영어로 말하기는 했지만 잘 마무리했고 우리 조의 준비성에 꽤 높은 점수를 받았던 기억이 난다.

영어로 작문해보고 말하는 것이 힘들고 떨렸지만, 굉장히 보람 있는 시간이었다.

그 이후로 더욱 의욕이 생겨 영어와 관련된 직업이나 활동들까지 찾아보게 되었던 것 같다.

영어 공부를 시작하고 싶지만, 실천이 잘 안 된다면 처음에는 혼자 하는 것보다는 다 같이 그룹으로 할 수 있는 수업이나 활동들을 추천한다.

영어 단어 같이 외우기, 영어 회화 영어 원서 읽기 등 모임들이 정말 많다. 또한 학교에서 원어민 강사와 친해지는 것도 한 방법이다.

무수히 많은 기회가 우리 주변에 있다. 그것을 자기 것으로 만드는 것은 자신의 몫이다. 기회도 항상 노력하고 원하는 사람한테 찾아오기에 기회가 찾아왔을 때 그냥 흘려보내지 않기를 바란다.

● 교수님의 긍정적인 마인드

교수님 수업을 들으면서 영어뿐만 아니라 긍정적인 마인드도 함께 배울 수 있었다.

내가 한 가지 깨달은 점은 어떤 한 분야에서 전문가이거나 정상에 있는 사람들의 공통점은 부정적인 말을 절대 하지 않는다는 것이다.

성공한 사람들은 '말의 힘'이 얼마나 중요한지를 알고 있으며 부정적인 사람들을 가까이에 두지 않는다고 한다.

교수님이 부정적인 말씀을 하시는 걸 본 적이 없다. 항상 학생들에게 칭찬을 잘해 주셔서 자신감을 북돋아 줬다. 긍정적이고 자신감에 찬 말투로 "우리 학교는 정말 대단하고 훌륭한 학생들이 많은 것 같다." "발전 가능성이 무궁무진하다." "우리 학교 학생들이 최고다."라고 하셨다.

나는 항상 학벌에 대해서 자신감이 없었고 남들과 비교하는 습관을 갖고 있었다.

되돌릴 수 없는 일에 대해 계속 후회를 하면서 시간을 낭비하는 일은 가장 좋지 못한 습관이다.

과거에 대해 후회를 하기보다는 '현재의 나'에 집중하기를 바란다.

교수님의 자신감 있고 긍정적인 모습을 보면서 생각하는 습관도 많이 바뀌었다.

또한 교수님으로부터 "다혜는 참 성실한 것 같아." "저번 학기보다 영작문 실력이 많이 늘었다."라는 칭찬을 받을 때마다 기분이 좋았고 자신감도 많이 생겼다. '내가 잘하고 있는 거구나'라는 생각이 들어 더욱 열심히 하게 되는 계기가 되었던 것 같다.

● 내 인생의 터닝 포인트가 되어준 강의

내가 국제통상법 영어강의를 듣고 교수님을 만나게 된 것은 행운이었고 인생의 터닝 포인트가 되었다고 생각한다. 교수님 수업 덕분에 슬럼프였던 영어에 대해 다시금 흥미를 느낄 수 있는 계기가 되었으며 그 이후로 계속해서 나에게 좋은 기회들이 다가와 잡을 수 있었다.

영어를 단순히 조금 듣고 읽는 정도에서 벗어나지 못했기만, 교수님의 강의를 들은 이후로 영어로 쓰고 말할 수 있는 진짜 영어를 배웠다고 생각한다.

여러분들이 만약 대학생이라면 단순히 학점만 잘 받기 위해서 과목을 선택하는 것보다는 진짜 배워보고 싶은 강의 또는 도움이 될 것 같은 강의를 선택해서 들어보기를 추천한다. 또는 영어 수업처럼 어려워 보이는 수업이더라도 피하지 말고 도전해보기를 바란다. 그 수업이 여러분들의 인생을 바꿀 수 있는 터닝 포인트가 될 수도 있기 때문이다.

평택 미군부대, 영어로 입이 트이다

Twenty years from now you will be more disappointed by the things you didn't do than by the ones you did do. So throw off the bowlines. Sail away from the safe harbor. Catch the trade winds in your sails. Explore. Dream. Discover.

- Mark Twain

20년 후 당신은, 했던 일보다 하지 않았던 일로 인해 더 실망할 것이다. 그러므로 돛 줄을 던져라. 안전한 항구를 떠나 항해하라. 당신의 돛에 무역풍을 가득 담아라. 탐험하라. 꿈꾸라. 발견하라.

- 마크 트웨인

● 평택 미군부대 인턴 한번 해볼래?

다른 건 몰라도 영어 수업은 열심히 들으면서 학교에 다니고 있었다. 교수님도 열심히 한다고 좋게 봐주셨다.

어느 날 학과 교수님이 "다혜야, 평택 미군부대에서 근무해 볼 수 있는 기회가 있는데 한번 해볼래?"라고 추천해주셨다.

'평택 미군부대에서 일해볼 수 있다고?'

신기하기도 했고 재밌는 경험이 될 것 같아서 바로 해보겠다고 했다. 서류전형과 영어 면접이 있었다. 서류전형은 가장 기억에 남거나 인상 깊었던 경험을 주제로 자유롭게 에세이를 작성하는 것이었다. 그동안 영어 수업을 들으면서 영어 에세이를 많이 써보았기 때문에 큰 어려움은 없었다.

해외와 관련된 경험이 유리할 것 같아 영국에서 홈스테이했던 것을 중심으로 작성했다. 난생처음 가본 해외에서 느낀 점, 홈스테이 주인아주머니와의 에피소드, 여행 이야기 등에 관해 써서 제출했다.

그다음 관건은 영어 면접이었다. 미군 부대 근무하고 있는 직원분들과 미군들이 면접을 직접 보기 때문이었다. 영어 수업 시간에 프레젠테이션했던 것을 경험 삼아 그것을 바탕으로 대본을 만들었다. 자기소개, 성격의 강점 및 단점, 지원동기, 에세이를 바탕으로 나올 수 있는 예상 질문 등에 대해서 준비했다.

영어 발음도 좋은 편이 아니어서 최대한 영어를 잘하는 것처럼 보일 수 있도록 연습하고 또 연습했다.

드디어 면접 당일, 내 앞에 외국인이 앉아 있어서 너무 떨려서 긴장이 많이 되었다.

"Please introduce yourself"
(자기소개 부탁드립니다)

"What are your strengths and weaknesses?"
(당신의 강점과 약점은 무엇입니까?)

"What is the most memorable experience in England?"
(영국에서 가장 기억에 남는 경험은?)

"Why do you apply for the U.S Army?"
(미군부대에 지원하는 이유는 무엇입니까?)

위와 같은 질문을 했고 약 20분간 면접이 진행되었다. 질문을 잘 못 알아들어 'Please tell me again'을 반복했고 대답할 때도 많이 버벅거렸다. 식은땀이 났고 부끄러웠다. 대답을 잘 못해 더 열심히 준비해 갈 걸 하는 생각이 들었다. 면접이 끝나고 나서 아쉬움이 많이 남았었다.

그러나 떨어지지 않을까 많이 걱정하고 있었는데 다행히도 결과는 합격이었다. 너무 하고 싶었던 인턴십이었기 때문에 정말 기뺐다.

합격 후 부서 배정이 있었다.

미군부대 내에도 여러 부서가 다양하게 있었다. 교육, 마케팅, 경영, 소방 부서 등이 있었다. 나는 그중에서도 교육부서 Education Center가 가장 잘 맞을 것 같은 느낌이 들어서 1지망으로 지원했다. 운 좋게도 Education Center로 배치되었다.

첫 일주일 OT 기간에 대략적인 미군부대에 대한 소개가 있었고 기본적인 비즈니스 매너, 전화 받는 법 등에 대해서 배웠다. 전화는 대부분 미군이나 미군 가족들로부터 걸려 오기 때문에 모두 다 영어로 해야 했다. 전화상이라서 더욱 듣기 힘들어 처음에는 고생을 많이 했지만, 부서 직원들이 많이 도와주었다.

일주일 동안 OT가 끝난 후 인턴들은 각 부서에 배치받아서 일을 배우기 시작했다.

● 영어 못한다고 부끄러워할 필요 없어!

처음 부서에 들어섰을 때 미군부대라 당연하지만, 외국인들이 많아 너무 신기했고 당황스러웠다. 부서에는 외국인 그리고 한국인 직원들이 함께 섞여 있었다.

처음에 인사를 나눌 때 영어로 말하는 게 서툴러서 경직된 표정으로 내내 어색한 미소만 짓고 있었다.

먼저 팀장과 부팀장에게 인사를 했다.

"Hi, Nice to meet you Ms.Hicks and Mr. Jackson"
(안녕하세요. 만나서 반가워요)

"Hi Nice to meet you too. What is your name?"
(안녕 반가워요. 이름이 뭐예요?)

"I am Dahye Shin and my English name is Ellen"
(저는 신다혜라고 해요. 영어 이름은 Ellen입니다)

"Oh Ellen! That is pretty name. Welcome"
(오 엘렌! 이름 이쁘네요. 환영해요)

팀장과 부팀장의 인상이 좋아 보였다. 그리고 다른 직원들과도
계속 인사를 나눴다.

"안녕하세요. 신다혜라고 합니다. 잘 부탁드립니다."

그런데 '과연 잘할 수 있을까?' 하는 걱정에 앞으로의 6개월을
어떻게 보낼지 눈앞이 깜깜했다.

먼저 일하고 있었던 학교 선배는 "너 뭐라고 하는지 알아듣기
는 하냐?"며 농담 식으로 말했다. 나중에는 "직원분들 다 착하고
좋으셔서 걱정할 필요 없을 거야"라고 말해주었다. 그제야 안심

이 좀 되었다.

Education Center는 미군들에게 학교 입학 및 수업 신청에 관련해서 상담해주고 지원해주는 업무를 담당하고 있었다.

내가 맡은 일은 상담업무 및 접수, 스케줄 관리, 컴퓨터실 관리였다. 근무 첫날 미군들이 들어오기 시작했다. 너무 떨렸고 겨우겨우 상담 접수를 마쳤다.

> **"Hi How are you. How can I help you?"**
> (안녕하세요. 무엇을 도와드릴까요?)
>
> **"I need .. blah blah"**
> (나는 ~~가 필요해요)

긴 문장에다가 말의 속도가 너무 빨라서 다 알아듣지 못했다. 근무 초반에는 직원들이 옆에서 도와주었다. 모르는 건 귀찮을 정도로 계속 물어봤다. 언젠가는 "영어가 잘 안 늘고 저 때문에 업무 진행이 늦어지는 거 아닌가 고민이에요."라고 매니저에게 얘기했더니 매니저는 이렇게 말씀해주셨다.

"영어가 모국어가 아니므로 영어를 못하는 것은 당연하다. 잘 못하는 것에 대해 창피해할 필요가 전혀 없어. 다들 이런 과정 겪으면서 영어도 업무 실력도 느는 거지. 자신감을 가져 Ellen!"

"나도 영어 발음은 연습해도 자연스럽지가 않아. 그냥 하는 거지. 뭐 어때, 의사소통만 되면 그게 잘하는 거지."

"우리나라 사람들은 특히 영어에 민감해. 외국인만 보면 피하고 부끄러워하고 도대체 왜 그렇게 되어버린 건지 안타까워. 영어를 조금 못하더라도 그냥 알고 있는 대로 말해보는 것이 자연스러운 문화가 되었으면 좋겠어. 그렇다면 지금보다 훨씬 더 영어에 자신감이 생기고 잘하게 되지 않을까 생각해."

보통 일본어나 중국어를 말할 때는 틀리더라도 부끄러워하지 않지만, 유난히 영어에 민감한 건 사실이다.

나 또한 '영어 울렁증'은 계속되었지만 중요한 건 '자신감과 뻔뻔함'이라는 걸 다시 한번 깨닫게 되었다.

● 간단한 문장, 바로 영어로 말할 수 있나요?

업무를 할 때 기본적으로 많이 사용하는 문장을 정리해보았다.

우리는 초등학교 때부터 약 10년 이상 단어를 외우고 문법을 배우고 문장도 외워보고 기나긴 지문을 해석해보기도 했다. 하지만 정작 짧은 한 문장 한 마디라도 말하는 건 쉽지가 않다. 미군부대에서 일하면서 사용하는 회화는 정말 쉬운 문장들이었다.

몇 가지 문장들을 아래 나열해보았다. 당신은 아래 문장을 영어로 말할 수 있는가?

1) 성함 좀 알려주시겠어요?

2) 서명해야 하나요?

3) 컴퓨터를 사용해도 될까요?

4) 그는 미팅 중입니다

5) 금방 다시 올게요

6) 그 컴퓨터는 작동하지 않습니다

아마 대부분 바로 영어가 떠오르지 않을 것이다. 10년 넘게 배웠지만 간단한 문장 하나 말하지 못하는 것이 현실이다.

답은 아래와 같다.

1) Can I get your name?

2) Do I need to sign in?

3) Can I use computer?

4) He's on a meeting

5) I'll be right back

6) The computer is not working

이러한 문장들이 그냥 눈으로 읽고 보기에는 정말 쉬운 문장들이다. 하지만 영어로 말 한마디 안 해본 사람들이라면 이런 문장들이 말로 튀어나오기에는 정말 쉽지 않다. 나 또한 그랬다. '이렇게 쉬운 문장들조차 직접 말로 하는 연습을 해보지 않는다면 절대로 사용하지 못하겠구나'라는 생각이 들었다.

우리나라 사람들이 수능 1등급을 맞아도, 토익 900점을 넘어도 영어로 말 한마디 제대로 하지 못하는 이유가 바로 말하는 연습을 전혀 하지 않기 때문이다.

영어로 입이 트이는 가장 효과적인 방법은 외국인과 무작정 대화하는 것이라고 생각한다. 영어를 못하더라도 단어만 띄엄띄엄 말하더라도 일단 자신감을 갖고 아무 말이나 하다 보면 원어민 발음에도 익숙해지고 한번 말해본 문장들이 더 오래 기억에 남기 때문이다.

● 내 첫 사수 Mr. Twyman

부서에서 나와 처음으로 같이 일했던 내 첫 사수는 미군 Mr. Twyman이었다. 친절하고 재밌는 성격이어서 장난도 많이 치고 금방 친해질 수 있었다. 초반에 내가 어리버리해서 잘 모를 때 많이 도와주었고 업무와 관련해서도 구체적으로 설명을 잘 해줘서 더 빠르게 적응할 수 있었다. 초반에 Mr. Twyman이 자리를 비우면 불안했고 내가 말을 잘 못 알아들으면 짜증을 내는 사람들도 있었다.

어느 날은 컴퓨터실 프린터가 고장이 나서 프린터 앞에 'It is not working'이라고 써 붙였다. 사람들이 물어보면 계속 고장 났다고 말했다. 그런데 어떤 미군이 와서 프린터를 하려고 했는데 안 돼서 짜증이 났는지 계속 뭐라고 했다. 말을 너무 빨리 하고 길게 말해서 잘 못 알아들었다.

나는 It's not working…이라는 말만 반복할 수밖에 없었다. 그 미군은 "Are you kidding me?" 하고 나가 버렸다. 어이가 없기도 하고 당황스러웠다.

나중에 Mr. Twyman한테 말하니까 그런 사람 가끔 있다면서 신경 쓰지 말라고 했다.

둘이 근무하면서 이런저런 수다도 많이 떨었다.

"Who is your favorite singer?"
(가장 좋아하는 가수가 누구야?)

"I like Busker Busker. Do you know BuskerBusker?"
(나는 버스커버스커를 좋아해. 버스커버스커라고 알아?)

"No, I've never heard of it"
(아니 들어본 적 없는데)

"I will play you a song . That's so great!!"
(내가 노래 들려줄게. 진짜 좋아!!)

"Why did you name it Ellen?"
(왜 이름을 Ellen이라고 지었어?)

"I just made it what came to mind"
(그냥 생각나는 대로 만들었어)

"What? That's crazy!!"
(뭐라고? 말도 안 돼!!)

"Mr. Twyman, What do you want to be in the future?"
(Twyman, 나중에 뭐가 되고 싶어?)

"I want to be a director"
(나는 감독이 될 거야)

한 3개월쯤 같이 일하니까 말도 많이 배우고 업무에도 익숙해지자 혼자서 일해도 문제없을 정도가 되었다. Mr. Twyman뿐만 아니라 부서 내를 돌아다니면서 외국인 직원들에게 일부러 말을 많이 걸고 한마디라도 더 해보려고 했다. 그러면서 직원들과도 더 친해질 수 있었고 영어 말하기 실력도 점점 늘었다.

나의 첫 사수 Mr. Twyman은 아쉽게도 3개월 정도 같이 근무하고 다른 지역으로 떠나버렸다. 매우 아쉬웠지만 혼자 업무를 하는 것에도 능숙해진 상태여서 큰 무리는 없었다. 혼자 일하다 보니 바빴지만 그만큼 업무 실력도 향상되었다.

● Mr. Jackson과 끊임없는 농담

나는 부팀장 Mr. Jackson과 친해서 농담을 자주 했다. 워낙 성격이 유쾌해서 재밌는 사람이었다. 다른 부서 인턴 직원들하고도 친할 정도로 사교성이 좋았다.

Mr. Jackson 같은 경우에는 억양이 세고 목소리도 낮아 발음을 알아듣기에 처음에는 굉장히 어려웠다. 외국인들의 생김새도 다 다르듯이 지역에 따른 억양, 말투, 발음도 모두 다르다. 깔끔하고 알아듣기 쉬운 원어민의 발음이 있는 반면에 듣기 어려운 발음도 많다.

1~2개월쯤 지나서야 발음에 익숙해져서 듣는 데 어려움이 없어졌다. 출근도 매일 아침 7시 부서에서 제일 먼저 하였다. 나도 평택에서 집까지 거리가 좀 있는 편이어서 다른 사람들보다 일찍 출근했다. 자연스럽게 Mr. Jackson과 업무 시작 전 이런저런 얘기들을 많이 나누게 되었다.

"Why did you come to Korea?"
(왜 한국에 오게 되었어요?)

"How is America?"
(미국은 어때요?)

"What did you do before that?"
(그전에는 무슨 일을 했었어요?)

"How was your weekend?"
(주말은 잘 보냈어요?)

Mr. Jackson은 친절하게 대답을 잘해 주어 대화하는 것이 즐거웠다.

좀 더 친해지고 나서는 장난도 많이 쳤다. 내가 농담으로 "Let's be best friend"베스트 프렌드 하자라고 하면 친구처럼 잘 받아주었다. 그리고 때때로 다른 직원들과 장난치면 "Your are so mean"이라고 농담하기도 했다.

Mr. Jackson은 직원들을 잘 챙겨주기도 했는데, 어느 날 일이 너무 바쁘고 잘 안 풀려서 내 표정이 안 좋았는지 "Ellen, Are you okay? What is the matter?"엘렌, 너 괜찮니? 무슨 일 있어?라고 물어왔다.

나는 모를 거라고 생각을 했는데 갑자기 물어봐서 깜짝 놀랐다. 내 표정에 다 드러났던 모양이다. 걱정해 주셔서 고마웠는데 일할 때는 표정 관리도 잘해야겠다는 생각이 들었다.

6개월 동안 Mr. Jackson과 이야기를 제일 많이 한 것 같다. 덕분에 영어로 말을 많이 해볼 수 있었고 6개월의 근무가 끝난 뒤에도 자주 연락을 주고받았다.

● 6개월 만에 입이 트이다

미군부대에서 일하기 시작한 지 얼마 안 된 것 같았는데 6개월이 순식간에 지나갔다. 짧다면 짧고 길다면 긴 시간이었지만 내 인생에 있어서 정말 잊지 못할 경험 중 하나이다. 누구나 쉽게 할 수 있는 경험이 아니기도 하고 나에게는 참 특별하고 소중한 경험이다.

이곳에서 좋은 사람들을 만나서 많이 배우고 성장할 수 있었다.

마지막 날에는 직원들도 아쉬워했고, 그 이후에도 자주 찾아가곤 했다. 7년이 지난 지금까지도 생생하게 기억난다.

6개월 동안 근무하면서 영어 때문에 어려울 때도 있었지만 외국인들과 일할 수 있는 흔치 않은 기회여서 계속 부딪혀보면서 영어를 많이 사용하려고 노력했다.

이곳에서 근무하기 전에는 말 한마디 제대로 하질 못했었다. 읽기, 듣기, 쓰기, 짧은 프레젠테이션 정도 하는 수준이었지만 6개월의 근무 후에는 영어로 입이 트일 수 있었다. 외국인들과 말하는 것이 더 이상 두렵지 않았다.

영어로 말할 수 있는 덕분에 그 이후에도 나에게 더 좋은 기회가 생겼다.

기회는 저절로 오는 것이 아니다. 기회를 찾거나 만들어야 한다. 그 기회들이 또 어떤 좋은 기회를 가져다줄지 모른다. 항상 주변에 사소한 것이라도 놓치지 말고 다 잡을 수 있기를 바란다.

내가 미국에 가다니?
좌충우돌 미국 생활 이야기

First weigh the considerations, then take the risks.
- Helmuth von Moltke

여러 가능성을 먼저 타진해보라, 그런 후 모험을 하라.
- 헬무트 폰 몰트케

● 미국에 가보지 않을래?

평택 미군부대에서 6개월의 근무를 마친 후, 대학교 4학년 마지막 학기가 찾아왔다.

대부분 졸업반 학생들이 그렇듯 발등에 불이 떨어지자 너도나도 취업 걱정을 한다. 나도 막상 생각해보니 해 놓은 게 없어 걱정이 이만저만이 아니었다.

취업난은 심했고 '어떤 회사에 들어가야 할지?' '전공이 무역과 관련된 학과니까 무역회사를 가야 하나?' 하는 고민이 들었다. 회사는 물론 직무에 대해서도 구체적으로 생각해본 적이 없어서 너무 혼란스러웠다. 기획? 마케팅? 영업? 막연하게만 생각해봤지, 진지하게 고민해본 적이 없었다. 뭐가 뭔지도 모르겠고 나에게 맞는 직무가 무엇일까 생각만 하다 하루가 다 가버렸다.

교수님을 찾아가 여쭤보기도 했다. 또한 취업지원팀을 자주 들락날락하면서 이력서와 면접 대본도 만들어 보았다. 몇몇 회사에 지원해보고 면접을 보기도 했었다.

1차 면접에서 붙었어도 최종에서 떨어지거나 해서 결과는 대부분 좋지 않았다.

진즉에 어떤 회사에 들어갈지 그리고 어떤 직무가 나에게 맞을지에 대해서 고민 좀 해볼 걸 하는 후회가 들었다.

그런 와중에 나에게 또 하나의 기회가 찾아왔다. 4학년 마지막 학기가 끝날 무렵 미국 해외 취업 관련 공고를 발견한 것이다.

'다른 나라도 아니고 미국이라니? 나는 이거다!'라고 확신했다.

이미 내 마음은 미국에 가 있었고 취업이 된 것처럼 두근두근 설레었다.

교수님도 긍정적으로 말씀해주셨다.

"미국에 가면 느끼는 것들이 많을 거야. 갔다 오면 좋은 경력도 될 거고. 다혜가 해외에 관심도 많고 그와 관련된 일도 하고 싶어 하니까 많은 도움이 될 거야. 나라면 당장 갈 것 같아."

미국에 가는 것이 흔치 않은 기회기도 했고 지금 도전해보지 않으면 평생 후회할 것 같다는 생각이 들었다.

해외 취업에 관심이 있는 사람들이 많아서 그런지 경쟁률이 높았다.

정말 미국에 가고 싶어서 합격하게 해달라고 간절히 기도했던 기억이 난다.

나의 간절함이 전해졌는지 결과는 합격이었다. 실감이 나지 않았고 너무 행복하고 기뻤다.

합격 후, 6개월간의 영어 및 직무연수를 받았다.

이 기간에 영어 번역, 영어 토론, 비즈니스 영어, 영어 프레젠테이션과 같은 영어 수업을 받으면서 이전보다 실력이 많이 향상되었다.

● 미국회사의 면접은 어떻게 진행될까?

연수를 받으면서 회사들을 찾아 이력서를 내기 시작했다.

보통 큰 도시인 로스앤젤레스나 뉴저지 쪽에 회사가 많았고 그쪽으로 지원을 했다. 패션, 로펌, 회계, 무역 등등 일단 가리지 않고 모두 이력서를 냈다. 그중 LA 패션회사에서 면접을 보고 싶다고 연락이 왔다.

Skype 화상 면접으로 진행되었다.

화상으로 진행하고 영어 면접이라 제대로 전달될까 걱정이 많았다.

대략 자기소개, 지원동기, 성격의 장단점 그리고 급여, 미국에는 왜 오려고 하는지 물어보았다.

여러 군데의 회사와 면접을 보고 몇 번의 탈락 끝에 드디어 합격 소식이 전해져 왔다.

LA의 패션회사 영업 관리 직무였다. 패션 회사라서 역동적이고 흥미로울 것 같은 느낌이 들었다.

그리고 영업 관리직으로 시작하면 나중에 경력 쌓기에도 좋고 배울 것도 많을 것 같아서 합격 제안이 고마웠다.

● 25살 여름, 미국 땅을 밟다

2016년 7월 중순쯤의 더운 여름날, 미국행 비행기를 타고 거의 11시간이 걸려 도착했다.

미국 공항 LAX에 도착했다.

'내가 지금 미국에 있다니?'

실감이 나지 않았다.

햇볕이 강하게 내리쬐는 캘리포니아 날씨는 화창하고 더웠다.

전 세계 각지에서 온 다양한 사람들이 많았고 공항도 커서 길도 헷갈렸고 출구까지 가는 데에도 한참이 걸렸다.

예약한 호스텔로 향했다. 체크인하는 데도 어리바리해서 시간이 걸렸다.

'앞으로의 미국 생활을 잘할 수 있을까?' 하는 걱정이 들었다.

미국에 온 첫날 설렘도 잠시 가족도 아는 친구들도 없어 혼자 덩그러니 놓인 기분이 들었고 공허함도 느껴졌다. 일을 시작하기까지 일주일 정도 남아있었다.

먼저 말로만 듣던 할리우드Hollywood, 라라랜드 촬영지였던 그린피스천문대Griffith Observatory, 산타 모니카Santa Monica 등 LA 관광지를 돌아다녔다. 지하철도 타보고 버스도 타보고 그저 재밌었다.

미국 지하철은 데이터가 터지지 않아서 놀랐다. 한국에선 당연하게 생각해왔던 건데 여기서는 아니었다.

그리고 미국에서는 사람이 차보다 항상 먼저이다. 사람이 지나가면 차들이 멈추고 양보하는 것을 보고 놀랐다. 한국에서는 서로 먼저 가려고 하는데 이런 점은 배워야겠다는 생각이 들었다.

앞으로 살 집도 알아보러 다녔다. 한국에서는 혼자 살아본 적이 없었다. 그래서 보증금이 어떻게 되는지, 집을 어떻게 잘 골라야 하는지에 대해 잘 몰라서 초반에는 어려움을 많이 겪었다.

또한 은행 계좌도 만들고 여러 가지 비자 서류 정리도 했다. 미국 일 처리가 매우 느리다고 들었는데 계좌 하나 만드는 데에도 2~3시간 걸렸던 것 같다.

근무 시작 전에 일하게 될 회사에 찾아가 미리 인사를 했다.

LA Fashion District가 유명한데 그 거리에 많은 의류회사가 있었다. 그중 하나가 내가 근무하게 될 회사였다.

패션회사 시스템이 워낙 바쁘게 돌아가다 보니 직원들 모두가 정신이 없어 보였다. 남미계 외국인 직원들도 많았다.

먼저 친절하게 "How are you?"나 "Hola!"스페인어로 안녕하세요라고 인사를 했다.

처음에 긴장이 되었지만 친절한 모습에 마음이 조금은 놓였다.

직원들도 좋아 보이고 일하는 모습도 재미있을 것 같아 한껏 기대되었다.

● **험난한 첫 사회생활**

드디어 첫 출근

처음부터 정신없이 일을 배우기 시작했다. 많이 기대했던 나의 회사생활은 예상과는 매우 달랐다. 배울 것들이 한두 가지가 아니어서 벅찼고, 그래서 실수도 잦았다. 매니저에게 핀잔을 듣기 일쑤었다.

"Ellen, 똑바로 해! 이런 건 알아서 해야지."
"이걸 이렇게 하면 어떡해!!"

내가 기대했던 회사생활, 사회생활은 생각했던 것과 많이 다름을 느꼈다.

패션 회사는 워낙 일이 바쁘게 진행되기 때문에 일 처리를 빠르고 정확하게 해야 했다.

한국과는 옷 스타일도 전혀 달랐다. 대략 캐주얼한 백인 스타일, 화려한 흑인 스타일의 옷들로 나누어져 있었다. 원단별로 무늬, 특성들도 구별해야 했다. 그리고 거래처 이름 특성들도 파악하고 그에 맞춰 대응해야 했다.

1~2주는 그렇게 정신없이 지나갔던 것 같다.

사실 미국에 오기 전까지 한국에서는 회사에서 인턴을 해보거나 직장생활을 해본 경험이 없었다. 여기 미국에서 첫 사회생활을 시작한 것이었다.

미국에 대한 환상도 많이 갖고 있었다. 하지만 언어도 문화도 달라 초반에는 어려움을 많이 겪었고 적응하는데도 시간이 걸렸다.

돌이켜보면, 해외에서 첫 사회생활을 시작한 것이 힘들고 서러울 때도 많았지만 오히려 더욱더 단단해질 수 있는 계기가 된 것 같다. 기회가 된다면 살면서 한 번쯤은 꼭 해외에서 살아보는 것을 추천한다.

다른 나라의 언어, 문화를 체험하고 다양한 사람들을 만나면서 한층 더 성장할 수 있는 기회가 될 수 있다. 또한 처음에 어렵고 힘든 일을 하면 그다음 일은 훨씬 쉽고 아무것도 아닌 일처럼 느껴질 수 있다.

내가 살면서 가장 잘한 일이 해외에서 살아본 경험이라고 생각한다.

흔히 직장생활에서 369증후군이 있다고 한다. 나에게도 3개월, 6개월 고비가 찾아왔다. 힘들어서 '그만두고 한국에 가버릴까?' 하는 생각도 했다. 하지만 해외에서든 국내에서든 처음 1년은 꼭 버텨보라고 말하고 싶다. 1년을 버틴다면 사회생활에 대한 감도 생기고 참을성도 길러지는 것을 느낄 수 있을 것이다.

● 외국인이라고 별다를 게 있을까?

나는 회사에서 영업 관리를 담당했었다. 내일 새로운 옷이 만들어져서 들어왔다.

새로 들어온 옷의 샘플들을 정리했다. 또한 거래처별로 각각 판매하고 있는 옷의 종류별로 샘플 및 사진을 정리해서 보내기도 했다.

영업 관리 부서에서는 외국인 직원들과 함께 일하는 경우가 많았다. 미군부대에서 외국인들과 일했던 경험이 있어 영어로 말하는 것에 대한 어색함은 덜했다.

단련이 되어 있어서 그런지 생각보다 쉽게 친해질 수 있었다. 초반에 일을 잘 몰라 헤맬 때도 많이 도와주어서 고마움을 느꼈었다.

남미계 외국인 직원들은 모국어가 스페인어이기 때문에 스페인어로 자기들끼리 대화하곤 했다.

나도 몇 가지 배워서 말해보았다.

> **"Hola!"**
> (올라; 안녕!)
>
> **"Cómo estás?"**
> (꼬모에스타스?; 안녕하십니까?)
>
> **"Quieres un poco de pan?"**
> (께르소 포꼬 데 반; 빵 좀 드실래요?)

스페인어로 말하니까 직원들이 좋아했다.

생김새, 말투, 문화는 달랐지만 이야기해 보면 말도 잘 통하고 사람 사는 것이 다 비슷했다.

스페인어뿐만 아니라 영어도 잘해서 영어 말하기도 많이 배울 수 있었다.

● Ellen, 바이어 미팅 한번 해보지 않을래?

한 달에 한두 번씩 'WINDSOR', 'FTF'라는 규모가 큰 회사
와 미팅이 있었다.

미팅 때는 새로 출시된 옷들의 샘플들을 정리해 옷의 원단, 스타
일, 가격 등에 대해서 소개했다. 만약 바이어의 마음에 드는 옷이
있다면 계약을 하기도 했다.

보통 매니저와 영업파트 담당 직원이 미팅을 진행했다. 그런
데 어느 날 영업파트 담당 직원이 일이 생겨서 못 나온다고 했다.

매니저가 내게 물었다.

"Ellen, 오늘 네가 한번 미팅 같이 가볼래? 아마 직접 미팅하는
거 보고 계약 어떻게 하는지 보면 많이 도움이 될 거야."

"제가요? 저야 일도 배울 수 있고 좋죠! 무조건 갈게요."

나는 망설이지 않고 대답했다.

괜히 '바이어 미팅'이라는 말이 멋있어 보여서 꼭 한번 해보고
싶었다. 외국인들 앞에서 회사 제품을 소개하고 계약하는 모습을
상상하니 설레었다.

중요한 미팅이기 때문에 회사 의류상품들에 대해서 공부와 영어연습을 열심히 했다. 상사를 도와 의류 상품 사진, 특징, 가격 등에 대해서 정리한 PPT 자료를 만들고, 직접 보여줄 의류 샘플을 100여 종류 이상 분류하고 나누는 작업을 하였다. 또한 프레젠테이션 영어책을 들여다보면서 몇 개의 문장들도 대강 공부했다.

미팅 당일은 너무 떨렸다. 매니저가 처음에는 긴장되더라도 두세 번 해보면 익숙해질 거라고 격려해 주었다.

'WINDSOR'라는 회사에 도착하자 심장이 두근두근거렸다.

"How are you? What company do you belong to?"
(안녕하세요. 어디 회사소속입니까?)

"Hi, I am good thanks, we are from Auditions Fahsion"
(안녕하세요. Auditions Fashion에서 왔습니다.)

안내원이 매니저와 나를 미팅룸까지 안내해주었다.

지나가면서도 모르는 사람들과도 인사를 하거나 마주치면 미소를 지었다. 한국에서는 모르는 사람이면 무표정으로 그냥 지나치지만, 미국에서는 쳐다보면 미소를 짓거나 몰라도 인사를 하는 경우가 있다. 웃는 얼굴에 침 못 뱉는다는 말도 있듯이 상대방이 미소를 지으면 기분이 좋아지는 느낌이다.

미팅룸에 도착해 프레젠테이션 자료와 의류샘플들을 미리 정리해 놓았다.

곧이어서 WINDSOR회사의 직원들이 들어오고 미팅이 시작되었다.

매니저가 먼저 의류 상품들에 대해서 대략적인 소개를 하였다. 그 후에 100여 종류가 넘는 샘플들을 직접 보여주면서 소개해야 했다.

매니저와 나는 각각 반 정도씩 분담했다. 영업과 관련된 경험은 대학생 아르바이트 때 백화점에서 신발을 판매했던 일이 거의 전부였다. 긴장이 많이 되었지만, 최대한 미소를 지으면서 영어가 서툴더라도 열심히 설명하려고 노력했다.

"We have a lot of new products. And we're releasing more next month."
(우리는 새로운 상품이 많이 있어요. 그리고 다음 달에 더 많이 출시할 거예요.)

"This is a jumpsuit. There are four colors: black, white, burgundy, and navy."
(이것은 점프 수트입니다. 블랙, 화이트, 버건디, 네이비 네 가지 종류의 색상이 있어요.)

"These days, this style is very popular among people in their 20s."

(요즘에 이 스타일은 20대들에게 매우 인기가 있어요.)

"It was sold out last month."
(지난달에는 품절이 됐습니다.)

"I will show you another casual outfit."
(또 다른 캐주얼 스타일의 옷도 보여드릴게요.)

그날 마음에 드는 옷들이 많았는지 또는 나와 매니저가 열심히 준비하고 설명한 덕분인지 평소보다 계약을 많이 따낼 수 있었다.

WINDSOR 직원들도 "오늘 미팅 너무 좋았다."라고 했다.

매니저는 나에게 "오늘 수고했다. 다음번에도 미팅에 같이 가자."라며 칭찬과 격려를 해주었다.

입사 초반에는 실수가 잦아 자신감도 떨어지고 힘들었지만 다시 자신감을 갖게 해주는 계기가 되었다.

● 회사생활은 처음이라

입사한 지 3개월쯤 되었을 때 나의 바로 위 사수가 개인 사정이 있어서 일을 그만두어야 한다고 하였다. 나는 이제 좀 친해지고 적응하기 시작했는데 그만둬서 아쉬웠다.

회사에서는 당분간 직원 채용을 하지 않을 예정이었다.

나와 사수가 담당하고 있던 일은 대략 거래처별로 의류 샘플 정리 및 홍보, 상품 생산 스케줄 관리, 판매 및 CS 관리를 하는 일이었다. 거래처별로 특성을 파악하고 전반적인 업무에 어느 정도 익숙해졌지만 아직은 서투른 점이 많았다.

워낙 업무가 빠르게 진행되어야 하기 때문에 쉴 시간도 거의 없었다.

사수가 그만두니 외국인 직원들과도 같이 일하고 있었지만, 전반적으로 사무적인 업무는 나 혼자 관리하게 되었다.

분담하던 일을 혼자 하려고 하니까 만만치 않았다. '어떻게 업무를 더 효율적으로 잘할 수 있을까?' 하고 고민하였지만, 다행히도 같이 일하던 직원들이 도움을 많이 주었다.

Erik이라는 직원은 정말 친절해서 이야기도 많이 나누고 친한 친구가 되었다. 내가 힘들어할 때면 사회생활과 관련된 조언을 많이 해주어서 위로가 많이 되었다. 아직도 고마움을 잊지 않고 있다.

어느 날은 나에게 "You are very diligent and smart. cool"너는 참 부지런하고 똑똑해. 멋져라고 칭찬을 해주면, 나는 "Thank you for always helping me with what I do without any complaints"고마워. 어떤 불평도 없이 내가 하는 일을 항상 도와줘서라고 대화하며 친교를 나누었다.

나는 첫 사회생활이라 무조건 시키는 일은 열심히 해야겠다는 마음을 갖고 있었다.

일이 계속해서 많아지자 실수도 잦아졌고 일의 효율이 떨어졌다.

그래서 Erik한테 "Erik, it's hard to have so much work to do"에릭, 너무 할 일이 많아서 힘들어라고 말했다. 그는 "You should tell the manager that you have so much work to do that you want to share the work with others"너는 매니저한테 할 일이 너무 많아서 업무를 다른 사람과 분담하고 싶다고 말해야 해라고 조언해주었다.

'만약 매니저에게 말하면 내가 일을 잘하지 못한다고 생각하지 않을까?' 하는 마음이 들었다. 하지만 감당할 수 없는 일들을 계속하기보다는 말하는 게 나을 것 같다고 생각했다. 그래서 고민 끝에 매니저에게 고충을 말했다.

"지금 둘이 하던 업무를 혼자 다 하려고 하니까 감당하기가 쉽지 않습니다."

"아, 그래? 나는 네가 별말 없이 잘해 주길래 힘든 줄 몰랐다. 그럼 다른 사람이랑 업무를 분담해줄게."

매니저는 너무 아무렇지 않게 받아들여 주었다. 내가 오히려 당황스러웠다.

이렇듯 무작정 혼자 다 감당하기보다는 고민이 있으면 의견을 말하는 것이 중요하다.

사회생활 초년생은 경험이 없어 이걸 해야 하나 말아야 하나 고민이 많다. 그럴 때는 경험이 있는 직원이나 직속 상사에게 조언을 구하는 것을 추천한다.

● Carlos와의 갈등 그리고 Erik의 조언

일한 지도 벌써 6개월이 지나가고 있었다. 처음에 혼자 하는 것이 버거웠던 일이 시간이 남을 정도로 익숙해져 있었다. 그런데 또 다른 문제점이 생기기 시작했다. 외국인 직원들과 너무 친구처럼 지낸 탓인지 나를 너무 편하게 대하고 불평불만이 잦아졌다.

나는 영업 관리 사무적인 업무를 전반적으로 담당하고 있었다. 그래서 오더를 받으면 물건을 고객들에게 보내야 하는 일도 포함되어 있었다.

물건을 보내기 위해서 포장하고 재고 정리하는 일을 직원들에게 전달하는 과정에서 트러블이 잦아졌다.

이류 상품들이 긴긴 재고시스템과 나눌 때가 많았다. 옷이 한두 벌씩 차이가 나는 것들이 한둘이 아니었다. 게다가 상품 종류가 워낙 다양하고 비슷한 것들도 많아 재고정리를 하는 데 있어 시간이 오래 걸리는 경우가 많았다.

또한 가게와 공장사무실로 나누어져 있었는데 가게는 실제 고객들에게 판매하는 곳이었고 영업 관리, 재고 정리, 상품 발송, 디자인 등과 같이 대부분의 일은 공장사무실에서 이루어졌다.

가게와 공장이 떨어져 있고 전화나 메신저로만 소통하는 과정에서 의사소통이 원활하게 되지 않는 경우도 많았다.

그러던 어느 날, 가게에서 20여 가지 종류의 상품 샘플을 요청했다가 취소하는 일이 일어났다. 직원들이 샘플 하나씩 찾고 포장한 것이 모두 도루묵이 되는 순간이었다. 가게에서는 말 한마디면 끝이지만 공장에서는 모두 정리하고 뒤처리를 해야 한다. 중간에서 전달하고 조율하는 내 입장에서는 이럴 때 참 난감했다.

항상 불평불만이 많던 Carlos라는 직원이 결국 폭발했다.

"What's wrong with the store?"
(도대체 가게는 왜 그래?)

"They ask us to pack sample and send them. And then there are many times when they cancel"
(그들은 샘플들을 패킹하고 보내 달라고 말한다. 그리고 취소할 때가 많다.)

Carlos가 신경질적으로 말했다.

그리고 나도 화가 나서 대답했다.

"I'm sorry, they made a mistake this time, so I'm gonna say something."
(미안해, 이번엔 그들이 실수해서 나도 뭐라고 할 거야.)

"Don't be angry. But you always complain about small things."
(화내지 마. 하지만 너는 사소한 것에도 항상 불평한다.)

"For example, there are a lot of things to pack and I don't want to do that. I am busy now. Have someone else do it"
(예를 들면, 패킹할 것들이 너무 많아. 난 그거 하기 싫어. 지금 바쁘니까 다른 사람한테 시켜)

그러고 나서 나와 Carlos는 소리 지르면서 싸웠다.

결국 화를 이기지 못해 살짝 울음을 터뜨리고 말았다.

매니저가 무슨 일이냐며 다가와 상황을 전부 정리해주고 도와주었다. 그러면서 직원들이 말을 안 듣고 불평불만을 많이 하면 자기한테 말해야 한다고 했다. 그동안 내 선에서 해결하려고 했던 것이 결국 더 일을 꼬이게 만들고 만 것이었다.

나중에 Erik이 위로해주면서 또 한 가지 조언을 해주었다.

"Hey Ellen, Are you okay?"
(엘렌, 너 괜찮니?)

"They complain about little things nowadays because you are too close to them like friends"
(요즘에 그들은 사소한 것에도 불평불만을 너무 많이 한다. 왜냐하면 네가 그들과 친구처럼 너무 친하게 지내기 때문이야)

"You should keep your distance from them in the company. That way, you won't feel uncomfortable with each other at work"
(회사에서는 어느 정도 거리를 두어야 해. 그래야 일하는 데 서로 더 불편하지가 않아)

"And don't keep showing your weakness at work and then your superiors, like the boss and the manager, will think you're not fit for work."
(그리고 자꾸 회사에서 약한 모습을 보이지 마. 그러면 사장님이나 매니저님 같은 위 사람들이 너를 업무에 적합하지 않다고 생각할 거야.)

Erik의 조언에 많은 생각이 들었고 내가 실수하고 있다는 것을 깨닫게 되었다.

이미 돌이킬 수 없는 상황이었지만 앞으로는 그러지 말아야겠다고 다짐하는 계기가 되었다.

● 혼자 여행이나 가볼까? : Monterey 통번역대학원

회사 일에 조금 지쳐 있을 때 문득 혼자 여행을 가보고 싶다는 생각이 들었다.

처음에는 혼자 다니는 것이 무섭기도 하고 재미없을 것 같아 항상 친구들과 함께 여행을 가곤 했었는데 혼자 가면 생각도 정리해 볼 수 있을 것 같기 때문이었다.

예전에 통역사가 되고 싶다고 생각을 해본 적이 있었다.

통번역대학원을 검색해보다가 전 세계적으로 미국 Monterey 통번역대학원이 가장 유명하다는 것을 알게 되었다.

마침 Monterey 통번역대학원이 주말에 개방 수업을 한다고 해서 여행 날짜를 맞추었다. 대부분 친구가 계획한 일정에 따라 여행을 했었다. 하지만 이번엔 나 혼자 해야 했기에 부담 반 설렘 반이었다.

몬테레이는 LA와는 달리 조용한 동네였다. 날씨도 좋고 바닷가를 보고 앉아있는 것만으로도 마음이 평화로워졌다.

몬테레이 관광지로 가장 유명한 '아쿠아리움', 골프장이 있는 바닷가로 유명한 '페블비치' 등을 먼저 둘러보았다. 아쿠아리움은 규모가 정말 크고 기대 이상이어서 놀랐다.

첫날은 유명한 곳을 둘러보며 관광을 즐겼고 다음 날 기대하던 Monterey 통번역대학원에 갔다. 안내하는 분들이 반갑게 맞아주었다.

입학설명회가 있었고 졸업생들과 이야기해보는 시간도 있었다. 영어권 국가에서 태어난 사람이 아니더라도 영어를 유창하게 잘해서 놀랐다. 영어를 잘하는 방법은 무조건 많이 말해보고 따라 해보는 수밖에 없다고 했다. 방법은 모두 잘 알고 있지만 꾸준하게 실천하는 것이 어려운 것 같다.

영어는 공부보다는 운동에 더 가깝다고 한다. 매일 꾸준히 해야하며 한 번 실력이 늘기까지가 오래 걸리기 때문이다. 또한 공부를 안 하면 원점으로 돌아오고 만다. 그래서 정말 꾸준히 해야 하는 것이 영어이다.

영어를 유창하게 잘하는 사람들을 보고 부럽기도 하고 나도 언젠가는 자유자재로 말하고 국제행사 같은 곳에서 통역사로 활동하는 상상을 해보았다.

혼자 여행을 가보니 의외로 장점이 많았다. 시간을 마음대로 사용할 수 있고 혼자 생각하는 시간도 많아 좋았다.

누구와 같이 가는 여행도 재밌지만 때로는 혼자 여행을 가보는 것도 추천하고 싶다.

● 1년은 너무 아쉬워

미국에 온 지가 엊그제 같은데 순식간에 1년이 지나가고 있었다. 처음에 와서 어리바리하고 힘든 순간들도 많았지만 그만큼 보고 느끼는 것도 많았다. 역동적인 패션회사에서 적응하랴 일하랴 직원들과 일하면서 울기도 하고 웃기도 하고 다이나믹하게 하루하루를 보낸 것 같다.

이제 좀 적응해서 익숙해졌는데 한국으로 돌아가는 것이 못내 아쉽기만 했다. 그래서 미국에 오는 것이 어렵기도 하고 언제 또 올지 모른다는 생각에 나는 조금 더 있기로 마음먹었다.

● 미국 로펌? 한번 지원해볼까?

패션회사에서 1년 동안 일했지만 사실 내 적성에 맞는다는 생각은 들지 않았다. 그래서 다른 일을 해보고 싶었다. 공고를 찾아보다가 로펌에서 채용을 진행하고 있는 것을 발견했다. 클라이언트 관리 및 법률상담, 법률사무, 서류번역 업무였다.

로펌에서 일하고 있는 친구가 "외국인 클라이언트들 관리하고 변호사들이랑 일하면서 영어 쓸 일도 많고 배울 것도 많아서 좋아"라고 말했던 것이 생각났다. 그리고 로펌이라고 하면 뭔가 멋있어 보이기도 해서 지원하기로 했다.

고맙게도 면접을 볼 수 있는 기회가 주어졌다.

회사를 직접 가보니 대표님은 한국인이셨고 변호사들은 모두 외국인이었다.

나중에 들어보니, 대표님도 원래 미국에서 태어난 게 아니라 한국에서 일하다가 미국 로스쿨 갈 기회가 주어져 여기까지 오게 되었다고 했다.

영어를 유창하게 하시는 모습이 멋있어 보였고 미국에서 한국인이 외국인 직원들을 두고 대표가 되기가 쉽지는 않은 일이라 대단하다는 생각이 들었다.

'왜 미국에 오게 되었는지?' '왜 로펌에 지원하게 되었는지?'에 대해서 질문하였다.

그리고 외국인 면접관이 영어 면접을 진행했다.

"Please introduce yourself"
(자기소개를 해 보시오)

"What was the most impressive experience?"
(가장 인상 깊었던 경험은?)

"Why do you apply for Law Firm?"
(왜 로펌에 지원했습니까?)

대략 이런 질문이었다. 영어로 의사소통이 되는지 확인하는 테스트였다.

결과는 좋게 봐준 덕분에 통과되어 같이 일할 수 있게 되었다.

● 로펌에서 300명이 참여하는 행사를 기획하다

로펌 입사 후, 그해 대표님이 변호사협회 회장으로 취임한다고
하였다.

그래서 약 300명 이상이 참가하는 취임식 행사를 나와 또 다른
직원이랑 함께 기획하고 진행하라는 지시가 떨어졌다. '로펌에서
행사기획을 왜 우리가 해야 하지?'라는 생각이 들었다.

행사기획을 해본 적이 없어 많이 헤맸던 기억이 난다.

변호사, 판사, 정치가, 사업가 등 자기 분야에서 입지가 높은 사
람들이 참여하는 행사이기 때문에 말 하나 행동 하나하나에 조심
해야 했다.

이전에 일했던 자유로운 분위기의 패션 회사와 보수적인 로펌
의 분위기는 매우 달랐다. 시간은 3주밖에 남지 않은 상황이었다.
이메일로 초대장을 다 보내고 참여자 리스트 만들기, 포스터 만들
기, 행사장소 알아보기, 책자 만들기, 인쇄소 연락하기, 비용정리
등 할 게 너무나 많았고 정신이 없었다.

더군다나 이 많은 걸 외국인 담당자와 영어로 진행해야 했기에
더 어려움이 있었다.

매일 전화하고 장소를 직접 찾아다니기도 하고 행사 안내문, 포스터를 직접 제작하기도 했다. 그리고 참가자로부터 문의 사항이 오면 전부 처리해야 했다.

규모가 워낙 크고 격식 있는 행사여서 부담스럽고 중간에 포기하고 싶은 순간들도 많았다.

촉박하게 준비했지만, 행사는 잘 마무리되었다.

행사 참가자들로부터 "오늘 너무 재밌었다. 이런 좋은 자리를 마련해줘서 고맙다."라는 인사를 받을 때는 힘들었지만 내가 행사에 도움이 되었다는 생각에 뿌듯했다.

처음 해보는 행사기획이 나에겐 좋은 경험이었던 것 같다. 또한 전화하고 이메일 보내고 기획하는 과정에서 영어 실력 또한 많이 향상되기도 했었다.

● Ellen 너는 스트레스에 강한 것 같아

큰 행사기획을 마치고 한숨 돌리고 있을 때였다.

대표님이 수고했다며 다 같이 밥을 먹자면서 "다들 너무 수고했어, 로펌에서 행사기획을 한다는 게 이상했겠지만 급하게 정해진 것이라 어쩔 수 없었어. 정신없었겠지만 열심히 해줘서 고마워. 지금은 이해가 안 될 수도 있겠지만 세상에 쓸모없는 경험은 없어."라고 말씀하셨다.

하지만 나는 그저 힘든 마음에 '내가 나중에 행사기획을 할 것도 아닌데 무슨 도움이 되겠어'라고 생각했다.

"Ellen은 책임감도 있고 스트레스에 강한 것 같아. 그 점도 굉장히 중요하거든. 회사 들어오자마자 행사 기획하는 게 많이 힘들고 어려웠겠지만 책임감 있게 잘 해줘서 고맙다."

'내가 스트레스에 강하다고?'

처음 듣는 이야기였지만 내가 몰랐던 장점을 발견한 것 같아 기분은 좋았다.

● 미리 한계를 두지 마라

대표님은 늘 '미리 한계를 두지 마라'고 강조하였다. 가장 기억에 남는 말이다.

나이가 많아서, 학벌이 안 좋아서, 집안이 좋지 못해서, 돈이 없어서, 인맥이 없어서… 세상에 변명거리는 너무 많다. 일이 내 마음대로 안 풀릴 때 생각했던 것보나 기대에 못 미칠 때 대부분 핑곗거리를 찾는다.

대표님은 원래 기자가 꿈이었는데 매번 시험이랑 면접에서 떨어져서 그냥 회사 들어가게 되었는데 회사에서 기회가 생겨 로스

쿨도 가고 지금 미국 변호사를 하고 있다면서, "인생은 모르는 거야. 실패한다고 하더라도 끝이 아니야. 오히려 더 좋은 기회가 생길 수 있으니 일희일비하지 않는 것이 중요한 것 같아."라고 말씀하시곤 했다.

물론 지금 로펌을 차리고 대표가 되기까지도 우여곡절이 많았을 것이다. 하지만 한계를 두고 자신을 의심하면서 새로운 도전을 하지 않았다면 지금 이 자리에도 없고 발전하는 삶은 살 수 없었을 것이다.

나 역시 미국에 오기 전에 생각을 참 많이 했었다. '내가 과연 미국 가서 잘할 수 있을까?', '영어가 완벽하지 않은데 잘 살 수 있을까?' '미국 갔다 오면 나이만 먹는 건 아닐까?' '괜히 시간 낭비하는 건 아닐까?' 하고 걱정하고 주변에서도 '무슨 미국이야, 그냥 국내 취업이나 해. 너 그러다 나이 먹고 한국 와서 취업 시기 놓친다'며 긍정적이기보단 부정적인 반응들이 더 많았다.

그런데 고민하면서 '늦었다는 기준이 도대체 뭐지?' '그렇다면 도대체 언제 해외 나가서 일하고 경험해 볼 수 있나?' 하는 생각이 들었다.

결국 미국행을 결심했다. 해외에 나온다는 것이 참 쉬운 결정은 아니다. 기대했던 것보다 실망했던 부분도 많았고 적응하는 데 힘들기도 했지만, 결과적으로는 내가 가장 많이 성장할 수 있었던 계기가 되었다.

만약 '내가 무슨 미국을 가서 일할 수 있겠어?', '아직은 부족해', '갔다 오면 나이도 많아서 취업도 잘 못 할 텐데'라며 포기하고 가지 않았다면 계속 후회한 채로 살았을 것이다.

해보고 싶은 일이 있다면 혹은 막연한 두려움 때문에 할까 말까 망설이고 있다면 무조건 도전해보기를 바란다.

경험상으로 도전하면 기회가 생기고 그 기회로 발전하고 성장하고 또 다른 좋은 기회가 계속 오는 것 같다.

스티브 잡스의 유명한 명언 중 'Connecting the dots'라는 말이 있다.

> Again, you can't connect the dots looking forward;
> You can only connect then looking backward.
> So you have to trust that the dots will somehow connect in your future.
>
> 당신은 앞날을 보며 점들을 연결할 수 없습니다.
> 과거를 회상하며 연결할 뿐이죠.
> 그러니 당신은 미래에 그 점들이 어떻게든 연결된다고 믿어야 합니다.

한 단계 발전하고 성장하고자 한다면 도전과 실행만이 정답인 것 같다. 사소한 경험들이 쌓여 결국엔 혁신을 만들어 낼 수도 있기 때문이다.

● 아쉬움을 뒤로 한 채 한국행

로펌에서 일한 지 6개월 정도 지나고 있었다.

그런데 비자 문제가 잘 해결되지 않아 한국으로 돌아가야 했다.

미국에 좀 더 있고 싶었는데 갑자기 한국으로 돌아가야 하는 상황이라 혼란스럽기도 하고 우울하기도 했다. 미국에 오기가 쉽지 않음을 잘 알고 특히 나에게 이렇게 공부하기 좋은 환경이 갖춰져 있는 상태인지라 더 남고 싶은 마음이 컸지만 돌아와야 해서 아쉬운 마음이 더했다.

사실, 한편으로는 미국에 남고 싶으면서도 '남아야 하나, 한국에 가야 하나' 고민이 되기도 했다. '차라리 고민 더 안 해도 되고 좋지 뭐. 한국 가면 가족들이랑 친구들도 만날 수 있으니 오히려 잘됐지 뭐.'

해외 영업은
무슨 일을 할까?

한국에 돌아와서 다시 적응하고 쉬면서 고민이 많았다. '취업 준비를 어디서부터 어떻게 시작해야 할까?' '어떤 직무를 해야 하지?' '어떤 회사를 들어가야 할까?' 머릿속이 너무 복잡했다.

해외에 나갔다 오면, 미국에 가면 진짜 '내가 원하는 것을 찾을 수 있지 않을까?' 하는 막연한 생각을 하고 있었지만 정작 나는 아직도 내가 원하는 일과 적성이 무엇인지를 몰라 방황하고 있었다.

'교환에서 행사 기획할 때 그래도 재밌었는데 행사기획이나 해 볼까?' 아니면 '마케팅 분야가 전망이 있다는데 마케팅을 해야 하나?' '무역을 전공했으니까 무역회사에 지원해야 하나?' 호기심도 많고 변덕이 심해 어느 한 가지에 진득하니 있는 성격도 아니었다.

결국 단기로 조금씩 해보다가 내 해외 경험을 살려 무역회사 '해외 영업' 파트에 지원하기로 했다. 해외 영업이라고 하면 괜히 멋있어 보이고 재밌을 것 같은 느낌도 들었다.

회사·산업 가리지 않고 공고가 보이는 대로 지원을 했다. 면접 보고 탈락하기를 반복하다가 한 철강회사로부터 합격 통지를 받고 바로 출근하기 시작했다.

● 영어만 잘하면 된다고? 문화를 아는 것이 더 중요하다

해외 영업이라고 하면 바로 떠오르는 것은 바로 '언어'와 '외국어 능력'이다. 물론 외국어 능력은 중요한 요소이다. 해외 바이어들과 외국어로 소통하고 물건을 팔려면 언어가 유창한 것이 유리하기 때문이다.

하지만 '외국어 능력'보다 더 중요한 것은 그 나라의 '문화'를 잘 아는 것이다. 영업은 물건을 파는 것이 아니라 사람의 마음을 사는 것이다. 그래서 공감 능력과 의사소통 능력이 제일 중요하다.

회사에서 선배들을 보면 외국어가 원어민처럼 유창하지 않더라도 실적이 좋은 사람이 있고, 반면 원어민급으로 유창하지만 실적은 그저 그런 사람들이 있다. 이는 외국어 능력이 중요한 요소이기는 하나 비즈니스 관련 의사소통에 무리가 없다면 문제가 되지 않는다는 것을 보여준다.

만약 잘 모르는 외국인이라 할지라도 한국말에 관심이 많고 우리나라 문화를 잘 안다면 친근감이 느껴지지 않는가?

외국인들도 마찬가지다. 바이어가 미국인이라면 미국 문화, 미국 드라마나 영화, 사회적 이슈, 역사, 정치 등에 관해서 관심을 보여주는 것이 많은 도움이 될 것이다.

깊이 있게는 아니더라도 몇 가지만 알고 있어도 바이어는 호기심을 보이고 좋아할 것이다.

나는 철강 회사에서 주로 인도·베트남을 위주로 해외 영업을 담당했다.

인도나 베트남에 대해서는 잘 몰랐기에 유명한 영화나 드라마, 음식 같은 가벼운 것부터 관심을 가지려고 했다.

바이어와 연락을 자주 하는 것 또한 중요하다.

바이어와 서로 얼굴도 잘 모른 채로 이메일로 연락하는 경우가 대부분이다. 그래서 자주 전화하고 대화를 많이 하면서 친밀감을 쌓는 것이 우선이다.

나는 일주일에 한 번은 꼭 통화를 하려고 노력했다. 비즈니스 관련 업무 이야기만 하지 않아도 된다. 가벼운 근황 얘기, 요즘 사업은 어떤지, 날씨는 어떤지, 취미가 무엇인지에 대해서 친구와 이야기하듯이 하면서 관계를 쌓았다. 이런 식으로 평소에 연락을 자주 해야 나중에 직접 대면했을 때 어색하지 않을 것이기 때문이다. 업무적으로 일이 있을 때만 연락한다면 바이어도 좋아하지 않을 것이며 신뢰 관계를 형성하기는 어려울 것이다.

요즘에는 채팅 앱이 워낙 발달하여서 이메일 못지않게 많이 활용했다.

이메일 보낼 때는 형식에 맞게 보내야 하며 예의를 더 갖추어야 하지만 채팅 앱은 급한 일이 있을 때 유용하며 연락하기도 더 쉽다.

우리나라는 대표적으로 카카오톡을 사용하는데 나라마다 주로 사용하는 채팅 앱이 다르다. 베트남은 Zalo, 인도는 LINE 파키스탄은 What's app을 활용했다. 그래서 내 핸드폰 바탕화면에는 채팅 앱이 여럿 깔려 있었다.

이처럼 해외 영업에서 중요한 것은 바이어와 공감대를 형성해 신뢰 관계를 쌓는 것이 최우선이다.

● 베트남 하노이에서 계약을 성공시키다

내가 입사하던 시기에는 주로 인도, 파키스탄과 거래하고 있었고 베트남 시장은 새로 개척하는 때였다.

다 비슷비슷해 보이는 철강도 종류가 다양했다. 철강에 관해서도 공부하고 나라별 바이어별로 '어떤 철강을 주로 구매하고 있는

지'에 대해서도 구분하느라 바빴다. 게다가 기존·신규 바이어에게
영업을 해야 했기에 연락하느라 정신이 없었다.

베트남 신규 거래처를 발굴해야 했기에 하노이, 하이퐁 지역 중
심 철강회사들을 찾아 우리 회사를 소개하는 메일을 보냈다. 연락
이 오면 철강 오퍼offer를 제시했다. 오퍼offer에는 철강의 종류, 총
판매 톤수, 가격 등을 기입했다.

베트남의 철강회사 중 한 회사인 DAT PHAT METAL에서 물
건을 사고 싶다고 연락이 왔다. 나의 첫 오더였다. 얼굴 한번 보지
않았는데도 거래가 되는 것이 신기하기도 했고 첫 오더를 받아내
서 뿌듯했다.

DAT PHAT METAL의 담당자와 지속해서 연락하면서 친밀감
을 쌓으려고 노력했다.

화상 미팅, 이메일, 전화 통화, 채팅 앱을 활용해서 철강에 대해
서 또는 사소한 일상생활에 관해서 이야기했다.

그 후로도 몇 건의 계약이 더 성사되었다.

그러던 어느 날 갑자기 팀장님이 "베트남 출장 한번 가야겠다."
라고 했다.

평소에 꿈꿔오던 '해외 출장'이라 기대가 되었다.

팀장님은 "온라인상으로도 거래는 가능하지만 직접 만나서 이
야기해보고 친분을 쌓는 것이 중요해. 그리고 직접 방문하면 현지

시장도 파악하기에 더 쉬울 거야."라고 말씀해 주셨다.

어쨌든 나는 해외 출장을 간다는 말에 들떠 있었다.

서둘러 바이어와 날짜를 조율하고 가기 전에 다시 한번 자료를 정리하고 준비하여 미팅에 대비했다.

드디어 베트남에 도착하여 DAT PHAT METAL의 담당자와 대표님을 만났다.

온라인상으로만 연락하다가 실제로 보니 반가웠다. 평소에 연락을 많이 해서 자주 만났던 것처럼 어색하지 않았다.

간단한 식사를 마치고 카페로 갔다. 베트남의 커피는 달콤해서 맛있었다.

'사업은 어떤지?'

'주로 어떤 종류의 철강을 구매·판매하고 있는지?'

'한 달에 보통 몇 톤 정도 철강을 판매하고 있는지?'

'어떤 나라와 거래하고 있는지?'

'가격은 어느 정도로 생각하고 있는지?'

'다른 사업도 하고 있는지?'

해외 영업 미팅이라고 해서 거창한 것은 없다. 주로 업무 관련해서는 위의 질문들을 하면서 이야기한다. 다른 나라 바이어들을 만나더라도 철강 업무 관련 이야기는 비슷하다.

베트남 담당자가 자신의 회사와 공장을 안내해주었다. 회사는 규모가 꽤 크고 넓었다. 개인 공장도 가지고 있어 다양한 종류의 철강들을 볼 수 있었다.

해외 출장의 좋은 점이 직접 현지인을 만나면 어떤 물건을 주로 거래하고 있는지, 시세는 어떠한지 등에 대해서 구체적으로 알 수 있다.

바이어와 신뢰 관계를 쌓을 기회이기도 하다.

회사와 공장을 방문한 뒤에는 하노이 근교 유명한 관광지가 있다며 안내해주었다.

업무 이야기 이외에도 사소한 이야기들을 더 많이 나누었다.

사업은 어떻게 시작하게 되었는지, 전에는 무슨 일을 했는지, 취미가 무엇인지, 전공은 뭐였는지 등과 같은 이야기를 하면서 더욱 친해질 수 있었다.

출장 마지막 날에 바이어 측에서 우리 회사에 대한 신뢰가 높다며, 계약하겠다고 했다.

단기성으로 거래하는 것이 아니라 장기적으로 오랫동안 같이 일했으면 좋겠다며, 다음에는 자신이 한국을 방문하겠다고 했다.

팀장님이 "고생 많았어. 다혜 씨가 평소에 잘해서 이번 계약이 잘 성사된 것 같아."라고 하였다.

현지로 출장을 다녀와 보니 직접 보고 들으면서 시장이 어떻게 돌아가는지 파악할 수 있어서 시야를 더 넓힐 수 있었다.

● 해외 영업은 이런 사람들에게 추천한다

해외 영업에 대해 환상을 가진 사람들이 많다. 하지만 생각보다 그리 낭만적이고 멋있는 직업이 아닐 수 있다. 물론 어떤 사람들에게는 생각한 대로 적성에 잘 맞을 수 있지만, 그저 '해외'라는 단어 때문에 호기심이 생겨 무작정 지원했다가 실망하고 그만두는 경우도 적지 않다.

나도 해외 경험을 많이 했고 해외에도 많이 나갈 수 있는 직업을 갖고 싶었다.

해외 영업이 재밌을 것 같기도 하고 나랑 잘 맞을 것 같다고 생각했다. 하지만 막상 해보니 어려운 점, 나와 안 맞는 부분들도 많았다.

그래서 몇 가지 해외 영업의 직무 특성들을 고려해 정리해보았다.

해외 영업을 희망하는 사람들이라면 아래 특성들을 한 번 더 고려해보고 시작하는 것도 나쁘지 않으리라 생각한다.

첫째, 사람들 만나고 이야기하는 것을 좋아하는 사람들에게 추천한다.

해외 영업 특성상 여러 나라의 바이어들과 소통을 굉장히 많이 해야 한다. 한국인이 아니라 외국인들과 대화하고 물건을 팔아야 하기에 훨씬 더 노력이 필요하다. 그러기 위해서는 지속해서 관계를 쌓고 이어 나가기 위해서 자주 연락하고 어떤 생각을 하고 있는지, 관심 분야가 무엇인지에 대해서 계속 파악해야 한다.

온라인상으로만 이야기하는 것이 아니다. 때로는 한국에 바이어들이 자주 방문할 수도 있다.

내가 다녔던 회사의 경우, 인도 바이어들은 한국을 1년에 4~5번 정도로 왔다. 그들 역시 한국 회사와 계약하기를 원하고 지속적인 사업 파트너를 구해야 하기 때문이다.

이때 오픈 마인드를 가져야 한다. 어느 나라이든, 문화든 간에 편견을 갖지 않고 받아들이는 자세가 중요하다.

이처럼 해외 영업은 다양한 사람들을 만나는 것을 즐기고 이야기하는 것을 좋아하는 사람한테 잘 맞는다.

자신이 혼자 일하는 것을 좋아하는 사람인지 함께 일하는 것을 좋아하는 사람인지 생각해보면 좋을 것 같다.

둘째, 도전적이고 모험적인 성향을 지닌 사람들에게 추천한다.

해외 영업이란 직무가 자세히 들여다보면 해외시장조사부터 그

나라의 사회문화 특성, 경제, 바이어 회사별로 특징 등 조사하고 파악해야 할 것들이 한두 가지 아니다. 또한, 국제사회의 변화에 따라 변동이 심하기도 하다. 기존의 바이어들만 믿고 있어서도 안 된다. 계속해서 새로운 시장을 개척하고 발굴해내야 한다.

그래서 안정적이고 기본적인 구조에 맞춰 변화가 적은 일을 선호하는 사람보다는 주도적인 성향이 있는 사람들에게 더 적합할 것이다. 또한 자신이 끊임없이 자신을 가꾸고 발전하기 위해서 자기 계발하는 것을 좋아하는 성향이라면 잘 맞을 거라고 본다. 자신이 편안하고 안정적인 일을 추구하는 사람인지 조금은 위험을 감수하더라도 도전적이고 모험적인 성향이 있는 사람인지 파악해 보기를 바란다.

셋째, 커뮤니케이션 능력과 협업 능력이 좋은 사람들에게 추천한다.

해외 영업도 결국은 물건을 파는 일이다. 영업은 사람의 마음을 사야 한다. 그러기 위해선 사람들과 소통을 원활하게 할 수 있는 커뮤니케이션 능력이 굉장히 중요하다.

또한 바이어와의 소통뿐만 아니라 회사 내 모든 부서 사람들과도 원활한 소통이 되어야 한다. 물건을 납기일에 맞게 잘 보내야 해서 생산팀, 포워딩 회사, 디자인 팀 등과 협업을 해야 한다. 마지막으로 물건을 보내고 관리하는 일은 해외 영업에서 하기 때문이다. 절대로 독단적으로 일할 수 없다.

모든 부서와 협업이 이루어져야 원활하게 업무가 진행된다. 그래서 커뮤니케이션 능력과 협업 능력이 중요하다.

넷째, 체력에 자신 있는 사람들에게 추천한다.

회사·산업마다 모두 다르겠지만 무역·해외 영업이란 일은 아무래도 야근을 하는 회사들이 많다.

한국과 시차가 달라 퇴근하려고 할 때 미팅을 하거나 밤늦게 연락을 받아서 일 처리를 해야 할 때가 많다.

또한 해외 출장을 많이 가는 회사라면 체력도 무시할 수 없다. 해외 출장은 단순히 놀러 가는 것이 아니다.

해외시장조사를 하고 바이어와의 계약을 따내기 위해서 준비도 철저히 해야 한다.

또한 시차 적응, 해외에서 이동 등을 고려하면 체력이 뒷받침되어야 일의 능률도 올라간다.

해외 출장을 막연히 여행 가는 것과 비슷하냐고 생각하는 사람들이 있는데 업무를 하러 가는 것이다. 이 점을 잘 명심하길 바란다. 해외 영업에서는 체력을 기르는 것이 특히 더 중요하다.

● 해외 영업, 스펙은 어느 정도?

해외 영업이라고 하면 '외국어 능력'이 가장 우선시 되는 것이 현실이다. 그래서 지레 겁먹고 '해외 유학파에 해외대학 나온 사람들도 많은데 내가 과연 지원해도 되는 걸까?' 하고 포기하는 경우가 많다.

그런데 정확한 스펙을 한 마디로 규정하기는 어렵다. 회사·산업마다 천차만별이기 때문이다.

도매산업과 소매산업도 성격이 아주 다르다. 영어 회화를 원어민처럼 유창하게 해야 하는 회사도 있지만, 회화보다는 이메일로만 거의 소통하는 회사도 많다.

물론 기본적인 어학 능력은 있어야 한다. 외국어에 대한 흥미, 외국어로 이메일 쓰기, 의사소통이 가능할 정도의 수준은 되어야 한다고 본다.

우선, 자신이 어떤 분야·산업에 흥미가 있는지 파악하는 것이 중요하다.

해외 영업이 적성에는 맞지만, 산업이 자신한테 맞지 않으면 오래 일하기는 힘들 것이다. 또한 회사도 자신과 잘 맞아야 오랫동안 일할 수 있다. 취업하기에만 너무 급급해서 조급하게 들어가고 후회하는 경우들이 많다.

해외 영업을 하기로 했다면 자신과 맞는 산업은 무엇인지, 면접을 보러 다니면서 이 회사와 내가 잘 맞을까 하는 생각도 신중하게 해서 결정하기를 바란다.

맞지 않는 회사 들어가서 일찍 그만두면 그것도 시간 낭비가 될 수 있다.

조금 늦더라도 신중하게 결정하고 입사하기를 추천한다.

다음으로, 해외 영업은 영어뿐만 아니라 제2외국어를 공부하는 것을 추천한다.

영어가 모국어가 아닌 나라라도 영어로 의사소통할 수 있지만, 자신이 관심 있는 해외시장이나 남들이 잘 하지 않는 언어를 공부해 놓는 것도 기회가 될 수 있다.

한 나라의 언어를 공부하다 보면 자연스럽게 그 나라의 문화, 역사, 경제에도 관심이 쏠리게 될 것이며 더욱더 폭넓은 시각을 가질 수 있기 때문이다.

마지막으로, 해외 영업은 국내 영업과는 달리 해외와의 거래이기 때문에 무역에 대해서 잘 알아야 한다.

이론보다는 입사하고 나서 실무를 경험해보면서 배워도 되지만 미리 조금이라도 공부한 것과 안 하는 것은 차이가 있다.

무역전공자가 아니라면 국제무역사나 무역 영어와 같이 무역과 관련된 자격증을 공부하면서 무역용어에 대해서 미리 익혀 두면 좋을 것 같다. 그러면 입사해서 더욱더 빠르게 실무를 배울 수 있을 것이다.

● 해외 영업에 도움 될 만한 자격증

해외 영업에 도움 될 만한 자격증에 대해서 추천해보려 한다.

무역과 영어 관련 자격증이다. 취업 시 필수는 아니지만, 자격증을 취득해두면 가산점도 주는 회사가 있으므로 유리할 것이다.

또한 실무에 투입되었을 때 업무에 더욱더 빠르게 적응할 수 있을 것이다.

1) 국제무역사

대표적인 무역 자격증은 한국무역협회에서 주최하는 '국제무역사'이다. 1급과 2급으로 나누어져 있으며 국제무역사 1급 시험은 국내에서 유일한 무역 실무능력 인정시험으로, 무역업계 종사자 및 예비 무역인들의 객관적인 무역 실무능력 검증을 위한 시험이다. 무역 관련 기업 취업 시 유리하다. 시험과목은 무역규범, 무역결제, 무역계약, 무역영어로 구성되어 있다. 과목별로 과락40점 미만 없이 전체 평균 60점 이상을 득점해야 한다.

2) 무역영어

무역영어는 대한상공회의소에서 주최하는 시험으로 1급, 2급, 3급으로 나누어 시험 볼 수 있다. 무역영어 검정은 무역 관련 영문 서류의 작성, 번역 등 영어 구사 능력은 물론 무역 실무지식을 평가한다. 시험은 무역 지식과 영어 지식을 함께 평가하지만, 무역 관련 자격증으로 평가되고, 영어 자격증예를 들어 토익, 토플 등으로 평가되지 않는다. 시험 구성은 영문해석, 영작문, 무역실무로 되어 있다. 매 과목 100점 만점에 평균 60점 이상이어야 합격이다. 단, 1급은 과목당 40점 미만이면 불합격이다.

3) 비즈니스 통번역 자격증

해외 영업은 비즈니스 영어를 배우고 사용할 줄 알면 많은 도움이 된다. 비즈니스 통역은 아니더라도 번역 자격증을 따 놓으면 취업을 하려고 할 때 매우 유리할 것이다. ITT 시험위원에서 진행하는 비즈니스 통·번역시험이 있다. 통역과 번역 둘 다 볼 수 있고 둘 중 하나만 보는 것도 가능하다. 번역시험 1급, 2급, 3급으로 나누어져 있다. 1급 시험은 기업직무·무역·상담·정보·홍보·광고 관련, 외국어와 한국어 지문이 출제된다. 총 15문항이며 80점 이상 받아야 합격이다.

4) 외환전문역

외환전문역 자격증은 한국금융연수원에서 주최하며 1종, 2종으로 나누어져 있다. 외환이란 국제간의 거래에 의해 발생하는 대체관계를 금金의 수수에 의하지 않고 채권양도, 지불위탁 때문에 결제하는 방법을 말한다. 외환 관련 업무란 수출입 거래, 자본 거래, 경상용역 거래 등 국제적 경제거래와 관련해서 그 결제 수단으로 외국환이 이용되는 절차와 과정을 취급하는 것을 말한다. 외환전문역 1종 시험은 외환관리 실무, 외국환거래 실무, 환리스크 관리로 구성된다. 시험과목별로 100점 만점을 기준으로 하여 과목별 40점 이상이고 전 과목 평균이 60점 이상이면 합격이다.

이렇게 대표적인 4가지 자격증을 추천한다.

합격하는 것을 떠나서 공부하는 과정에서 많은 도움이 될 것이다.

영어코치의 삶 :
누구나 영어로 강의할 수 있다!

현재는 영어학원에서 영어 강사로서 일하고 있다.

그런데 강사라고 하면 조금 딱딱해 보여서 나는 영어코치라고 말하고 싶다.

코치는 일방적으로 가르치는 것이 아니라 아이들이 스스로 할 수 있도록 동기부여를 해주면서 지도하는 사람을 가리킨다고 한다.

20대 내내 영어를 쫓다가 결국 영어코치가 되었다.

나도 내가 영어를 가르치는 사람이 될 줄은 몰랐다.

항상 '내 적성에 맞는 일이 무엇일까?' 하고 고민하고 방황을 해왔었는데 영어를 가르치는 일을 하면서 보람을 많이 느끼고 있다.

내가 좋아하는 과목을 마음껏 공부하고 가르칠 수 있다는 게 가장 매력적이라고 생각한다.

아직도 배워야 할 것이 많고 부족하지만 내가 선생님, 교수님으로부터 좋은 영향을 받았듯이 아이들한테 조금이라도 더 도움을 주고 싶고 좋은 방향으로 이끌어 주고 싶다.

● 영어 과외 한번 해볼래?

영어에 관심은 많았지만 가르친다는 것은 생각해본 적이 없었다.

영문학과, 영어교육학을 전공한 것도 아니고 가르칠 능력은 안된다고 생각했었다.

우연한 계기로 친구와 이야기를 하다가 영어 과외를 해보는 게 어떻겠냐고 했다. 그때는 오로지 취업하는 것만 생각하던 때였고 취업하는 데 어려움을 겪고 있었다.

마침 아는 분이 과외 쪽 관련 일을 하시는데 사람을 구하고 있다고 했다. 친구가 "네 경력이 전부 영어와 관련된 일이고 너 정도면 충분하니 일단 이력서라도 보내 봐."라고 했다. 나는 조금 망설였지만 좋은 경험이 될 것 같아서 "한번 해보겠다!"라고 하면서 영어 과외를 시작하게 되었다.

처음 방문 상담, 학생과의 대면이 많이 떨리고 어색했지만 금세 익숙해졌다.

아이들 학년과 거리 상관없이 모두 닥치는 대로 과외를 했다.

내가 강의를 그저 듣는 것과 가르치는 것은 정말 다르다는 것을 느꼈다.

몇 배로 더 공부하고 전달하는 능력도 좋아야 한다.

아이들마다 성향, 수준, 학습 능력 또한 파악해야 하기에 많이 고민하고 생각해봐야 한다.

무엇보다도 내가 좋아하는 영어를 마음껏 공부하고 가르치는 것이 너무 재미있었다.

내가 처음으로 가르쳤던 학생이 기억이 난다. 기초가 부족한 초등학교 6학년 학생이었다.

최대한 쉽게 가르쳐 주려고 노력했다.

한 살이라도 어릴 때 영어에 재미를 붙일 수 있도록 이끌어 주고 싶은 마음이 들었다. 그렇지 않으면 중고등학생 때 힘들어할 것이 눈에 보였기 때문이다.

먼저 친근해지고 공감대를 많이 형성하기 위해서 노력했다. 그 다음 개념은 최대한 쉽게 설명하고 해석 중심으로 정확하게 하는 연습을 시켰다. 그리고 소금이라도 말해보는 연습 시간을 가졌다.

1~2개월이 지나자 실력이 향상되었고 영어 해석이 잘 되니까 재미를 붙이는 것이 눈에 보였다.

어느 날은 갑자기 "선생님, 고마워요. 선생님이 가르쳐 주신 이후로 영어 해석하는 것이 쉽게 느껴져요."라고 하면서 작은 사탕 꾸러미도 함께 주는 것이었다.

처음으로 가르쳐 본 학생에게 고맙다는 이야기를 들어서 감동이기도 했고 보람을 많이 느꼈었다.

드디어 내가 원하던 직업을 찾았다는 생각이 들었다.

영어 교육 관련해서 더욱더 전문적으로 경력을 쌓고 싶다고 마음먹게 되었다.

● 20년 영어 강사, 사촌오빠의 조언

마침 거의 20년 넘게 영어 강사로 일하고 있는 사촌오빠가 생각났다.

지금은 대구에서 토익학원을 운영하고 있다.

어떤 식으로 경력을 쌓는 것이 좋을지 어떤 공부를 더 해야 할지 궁금해 연락을 드렸다. 오랜만인 터라 조심스러웠지만, 굉장히 친절하게 많은 것을 알려 주셨다.

현재 위치나 나이를 고려했을 때 어떻게 효율적으로 경력을 쌓을 수 있을지, 입시학원, 어학원, 종합학원 등 학원별로 특성 및 장단점에 대해서 자세히 말씀해 주셨다.

경력이 많으신 만큼 말씀하시는 것에서도 전문가 포스가 느껴졌다.

"다혜야, 우선 과외를 병행하더라도 영어학원에서 강사로서 경력을 쌓는 것이 앞으로 경력에도 도움이 될 거야."

"처음에는 자신이 가르칠 능력이 있을까? 하고 생각하는 사람이 많은데 내 친구도 회사 관두고 수학 강사 하다가 지금은 수학학원까지 차려서 운영하고 있어."

"너는 과외 경험도 있고 영어 관련된 일도 많이 해왔으니 잘할 수 있을 거야."

"시강시범강의이나 면접 관련해서 알려줄 테니 궁금한 것이 있으면 언제든지 물어봐."

1대1로 과외만 하는 것에 익숙해져서 학원은 조금 낯설었고 걱정이 많이 되었지만, 사촌오빠의 조언이 많은 격려가 되었다.

시강이나 면접 관련해서 준비해야 할 것이 많았다.

처음 시강시범강의 준비할 때는 녹음이나 녹화를 해서 내 문제점이 무엇인지 파악하려고 했다.

확실히 직접 보니까 표정이나 제스처, 발음 등 고쳐야 할 점들이 명확하게 보였다.

사촌 오빠도 피드백을 주셔서 더욱 수월하게 할 수 있었던 것 같다. 너무 막막하고 어려웠던 그 당시 나에게 큰 도움을 주셔서 아직도 감사하게 생각하고 있다.

● 영어로 강의 한번 해보실래요?

몇 군데 학원에서 시강을 봤지만, 경력이 부족해서인지 강의력이 부족해서인지 탈락의 고배를 마셨다.

그러던 중 100% 영어강의를 진행할 수 있는 선생님을 뽑는다는 모집공고가 눈에 들어왔다.

나는 영어 Speaking하는 것에 항상 갈증을 느끼고 잘 구사하고 싶다는 욕심이 있었다.

영어로 강의를 해본 적은 없었지만, 오히려 더 도전해보고 싶었다.

유튜브로 영어강의 시강을 찾아서 반복해서 돌려보기도 하고 혼자 대본을 만들어 연습을 많이 했다.

아무리 연습해도, 강의하는 것에 익숙해져도 시강은 항상 긴장이 된다.

면접 당일, 마음속으로 '최선을 다하자'라고만 생각했지만, 막상 강사들 앞에 서니까 긴장이 되었다. 연습 때는 잘 되던 발음이 꼬이기도 하고 머릿속도 하얘져서 빨리 이 순간이 지나가기를 바랐고 횡설수설하다가 끝난 느낌이었다.

나는 '앞에 서서 강의하는 일이 정말 쉽지 않구나'라고 새삼 느꼈다. 그런데 의외로 칭찬을 받아서 놀랐다.

"선생님, 발음도 좋고 강의 구성 능력도 좋으신 것 같아요."

"저희 학원이랑 잘 맞을 것 같은데 같이 일했으면 합니다."

그렇게 나는 영어 Speaking 강의를 할 수 있게 되었다.

대학교 때 교수님이 영어강의를 하시던 모습을 보고 동경하던 내가 영어로 강의를 하고 있다는 사실이 가끔은 신기하기도 하다.

물론 교수님에 비하면 한참 부족하지만 내가 동경하고 꿈꾸던 일을 할 수 있다는 사실만으로 감사할 따름이다.

동경하던 일이 이젠 일상이 되었다.

우리나라는 수능 중심이어서 문법, 리딩 영역은 대부분 잘하지만, 그에 비해 영어 말하기를 해볼 기회는 적다.

영어로 입이 트이는 것은 한 문장이라도 무작정 말해보는 것으로부터 시작된다.

아이들의 영어에 대한 고민을 조금이라도 덜어주고 싶다.

● Ellen 선생님 수업이 너무 재밌어요

학생 때 앉아서 수업을 듣기만 하던 때는 몰랐다.

내가 선생님이 되어 앞에서 강의하는 입장이 되니까 이제는 학생 때 선생님들의 심정이 이해가 간다.

졸거나 딴생각하는 것을 모를 것이라고 생각하지만, 앞에서는

다 보인다. 그래서 하나하나 신경도 많이 쓰인다. 반 분위기에 따라서 단순히 수업만 하는 것이 아니라 적절하게 동기부여도 하고 분위기를 전환하는 능력도 필요하다.

"Ellen 선생님 수업 너무 재밌어요."
"담임 선생님이었으면 좋겠어요."
"선생님이 수업하시면 시간 빨리 가겠네요."

수업하면서 아이들에게 이런 말을 들으면 기분이 좋고 힘이 난다. 그럴 때마다 더 열심히 공부하고 수업해야겠다는 마음이 번쩍 들곤 한다.

● 영어 강사를 꿈꾸는 사람들에게

영어 강사를 꿈꾸거나 생각하고 있는 사람들에게 일하면서 느꼈던 점이나 주위 선배 강사들에게서 들었던 몇 가지 조언을 소개해주고 싶다.

1) 알고 있는 것과 가르치는 것은 다르다

지식을 많이 알고 있는 것은 당연히 좋다. 하지만 자신이 알고 있는 것과 가르치는 것은 다르다.

아무리 많이 알고 있더라도 그것을 전달하는 능력이 더 중요하다. 대상이 누구든 상관없이 쉽게 설명하는 능력이 가장 중요하다고 생각한다.

자신의 지식이 많다는 것을 자랑하듯이 어려운 용어로 설명하는 것이 좋은 강의는 아니다. 얼마나 쉽게 전달하고 빠르고 정확하게 이해시키는 것이 강사의 자질이라고 생각한다.

2) 끊임없이 공부해야 한다

강사의 좋은 점 중 하나가 자신이 좋아하는 과목을 계속 공부할 수 있다는 점이라고 생각한다.

아무리 쉬운 부분이더라도 모르는 부분이 계속 나온다.

아이들의 예상치 못한 질문에 당황스러울 때도 많다.

그래서 항상 공부하고 배우려는 자세가 중요하다.

기본적으로 공부하고 배우는 것을 좋아해야 장기적으로 이 일을 할 수 있을 것이다.

3) 역지시지의 미음

학생을 대할 때 역지사지의 마음으로 생각해야 한다.

가르치는 입장에서는 '이걸 왜 모를까?' 혹은 '왜 이해를 못 하지?'라고 생각할 수도 있다. 하지만 학생의 입장에서 생각해야 한다. 자기 자신한테는 쉽지만, 학생들은 모르기 때문에 배우러 온 것이다.

학생들이 무엇을 알고 싶어 하는지 연구해야 하고 수업 준비할 때 항상 고민해야 한다.

누구나 잘 못했던 시절이 있었고 새로운 분야를 배울 때 시행착오를 겪었던 경험이 있다.

처음부터 잘하는 사람은 없다.

학생들이 무엇을 모르는지 정확히 파악하고 고민을 해결해주려고 노력해야 한다.

4) 학생과의 소통 : 인사와 칭찬으로

학생과의 소통도 중요한 부분이다.

학생들과 온종일 수업하기 때문에 소통 능력이 중요할 수밖에 없다.

소통의 시작은 인사라고 생각한다.

나는 강의실에 들어갈 때 학생들에게 먼저 인사를 한다. 그러면 어색함이 덜 하고 친밀감이 더욱 느껴질 수 있다.

그리고 칭찬을 많이 하는 것이다. 꼭 공부에서뿐만 아니라 아이들의 헤어스타일이나 외적으로 바뀐 부분이 있다면 칭찬을 한다. 물론 이 부분은 인간관계에서도 기본적인 부분이라고 생각한다.

그 밖에도 과제를 잘해 오거나 성적이 오르거나 할 때도 칭찬을 아낌없이 해준다.

나도 학생 때 선생님에게 칭찬을 받으면 기분이 좋아서 더 열심히 했던 기억이 난다.

인사와 칭찬하는 것으로부터 아이들과 소통을 시작해보자.

5) 운동하기

체력과 컨디션을 위해 운동은 필수로 하라고 말하고 싶다.

학원은 보통 오후 2~3시 출근이기 때문에 게을러지기 딱 좋은 시간대이다.

모든 일이 마찬가지겠지만 강의하는 일이 정신적으로나 체력적으로나 에너지 소모가 많이 되는 일이다.

평소 체력관리를 제대로 해 놓지 않으면 금방 무너질 수 있고 악순환이 반복될 수 있다.

나도 잠이 많은 편이어서 늦게 자고 늦게 일어나는 생활을 반복하고 식습관도 엉망이었던 때가 있었다. 더 이상은 안 되겠다 싶어서 헬스를 시작하고 지금은 주 5회는 무조건 운동하는 것을 지키려고 한다.

오전에 운동하면 일찍 일어날 수밖에 없고 건강과 최상의 컨디션을 유지할 수 있다.

● 학부모와의 상담 Tip

학부모님과의 상담 능력도 굉장히 중요하다.

아이들이 어느 정도 수준인지, 어떤 부분을 잘하는지, 어떤 부분이 부족한지에 대해서 학부모님이 궁금해하는 것은 당연하다.

학생들의 학습상태를 파악하는 것은 기본이고 학원의 전체적인 시스템 및 학교 입시와 관련해서도 여러 가지 질문을 받을 수 있으니 미리미리 공부하고 파악하고 있는 것이 좋다.

알려주고 싶은 '상담할 때 유용한 몇 가지 조언'들이다.

1) 전화할 때 목소리 크게 하고 미소 짓기

학부모님과는 전화로 상담하는 것이 대부분이다. 따라서 대면 상담이 아니기 때문에 오해가 없도록 말투나 전달 방식을 확실히 해야 한다.

상담할 때 목소리는 평소보다 더 크게 하는 것이 좋다. 큰 목소리가 자신감이 있고 신뢰를 줄 수 있기 때문이다.

전화할 때는 미소를 지으면서 하는 것을 추천한다.

직접 대화할 때뿐만 아니라 '전화할 때도 미소를 지어라'라는 말이 있다. 미소를 지으면 목소리 톤과 말투가 한층 달라진다는 것이다.

이 부분은 생각지도 못했었는데 아주 좋은 '꿀팁'을 얻은 것 같아 기뻤다.

실제로 해보면 미소를 지으면서 하는 전화와, 무표정으로 하는 전화가 다르다는 것을 느낄 수 있을 것이다.

2) 미리 대본을 만들어 보기

상담하는 것이 어렵다면 미리 대본을 만들어 보는 것을 추천한다.

처음 상담할 때는 전화 상담에 많은 어려움을 느낄 수 있다.

막상 전화하다 보면 어색하기도 하고 말이 꼬여 횡설수설하다 끝날 수가 있다. 이런 상황에 대비해 미리 어떤 순서로 이야기할지 정하고 구체적으로 할 말을 써보고 나서 통화한다면 훨씬 수월하다는 것을 느낄 수 있을 것이다.

또한 예상치 못한 돌발질문이 있을 수 있다.

내가 모르는 부분이면 애매한 대답보다는 솔직하게 얘기하는 것이 좋다.

'그 부분에 대해서는 다시 한번 확인하고 전화를 드리겠다'고 이야기하는 것이 좋다. 그리고 질문들은 그때그때 적어두는 것도 좋은 방법이다.

3) 신뢰 주기 : 정확한 플랜 제시

아이들의 부족한 부분에 대해서 정확한 플랜이나 공부 방법을 제시함으로써 신뢰를 주는 것이 중요하다.

학원에 오는 목적이 부족한 부분을 보완하고 실력을 향상시키는 것이다. 그래서 항상 학생 개개인마다의 학습 능력을 파악하려고 노력해야 한다.

부족한 부분에 대해 추가 자료를 주거나 추가 문제집을 언제까지 풀어오라는 정확한 날짜를 제시하거나 일주일에 한 번씩 지속적으로 검사하는 것도 좋은 방법이다.

또는 미리 일주일 또는 한 달 치 플랜을 구체적으로 제시해주는 것도 좋다.

이런 부분에 대해서 학부모에게 미리 얘기하고 꾸준하게 한다면 아이들의 학습 능력도 좋아지고 학부모로부터의 신뢰도 얻을수 있을 것이다.

나도 완벽한 건 아니지만 최대한 정확히 아이들의 실력을 파악하고 부족한 부분을 보완해주려고 노력하고 있다.

4) 경청과 공감하기

학부모와 이야기할 때 우선 잘 듣는 것이 중요하다.

공부 이외의 이야기라 할지라도 귀 기울여 잘 들어보면 학부모님과 학생의 성향에 대해서 더 자세히 파악할 수 있다.

그리고 이야기에 공감과 리액션을 잘해 주는 것이다.

가만히 듣고 있는 것보다는 공감을 잘해 주는 것이 좋다.

● 될 때까지 하면 된다!

현재는 영어 선생님이라는 직업에 만족하고 가르치는 일에 보람을 많이 느낀다.

그런데 그만큼 책임감도 크고 부담감도 있다.

선생님 한 마디에 아이들의 인생이 좋은 쪽으로 또는 나쁜 쪽으로 바뀔 수가 있다.

즉, 내 말 한마디가 아이들에게 어떤 영향을 미칠지 모른다. 그렇기 때문에 항상 조심해야 한다.

나는 최대한 긍정적으로 아이들에게 말을 하려고 노력한다.

나 또한 운 좋게도 살면서 좋은 선생님과 교수님을 만나 인생이 바뀌었다고 해도 과언이 아니다.

내가 좋은 영향을 받고 성장할 수 있었던 것처럼 나 또한 아이들에게 조금이나마 도움이 되기를 바란다.

나는 아직도 부족하고 배워야 할 것이 많지만 영어로 힘들어하는 사람들에게 소금이나마 위로와 누구나 할 수 있다는 희망을 주고 싶다.

내가 타고나기를 영어를 원래 잘했던 것이 아니어서 '영포자' 또는 영어로 힘들어하는 사람들의 심정을 아주 잘 안다.

아무리 들어도 이해가 안 되는 문법, 해석도 안 되고 잘 들리지도 않았던 경험이 이제는 모두 추억이고 자산이라고 생각한다. 그런 경험이 있었기 때문에 더욱 내가 발전할 수 있었던 것 같다.

지금 영어가 잘 안 된다고 절망하지 말고 절대 포기하지 않았으면 좋겠다.

나 같은 사람도 영어를 했다. 영어는 누구나 할 수 있다.

꼭 기억하라.

'영어는 될 때까지 하면 된다!'

'영어'는 '누구나 할 수 있는 언어'이다

여기까지 내가 '영포자'에서 영어 코치가 되기까지 어떻게 극복했는지 그리고 그로 인해 어떤 놀랍고 새로운 경험을 했는지를 이야기했다.

다시 한번 말하지만 나는 원래 영어를 잘하는 사람도 아니었고 언어적 감각이 있는 사람이 아니었다.

아직도 '영어는 어렸을 때부터 해야 된대, 영어는 원래 언어적 감각이 타고나야 해, 해외에 살다 온 사람이나 유학을 갔다 온 사람이나 잘하겠지'라고 생각한다면 빨리 마인드를 바꾸어야 한다.

'영어'는 '누구나 할 수 있는 언어'이다. 단, 꾸준함과 인내심이 뒷받침되어야 한다.

영어는 단거리 달리기가 아니다. 장기 마라톤이다. 중도 포기하면 다시 원점으로 돌아온다.

그래서 힘들기도 하지만 한 번 임계점을 넘으면 그 성취감은 이루 말로 표현할 수 없다.

포기하고 싶고 슬럼프가 올 때마다 스스로 외국인과 자연스럽게 대화하는 모습, 해외 기업에서 업무를 보며 외국인 바이어들과 미팅하고 계약하는 모습 더 나아가 영어로 강의를 하는 모습을 상상해보라.

영어와 관련이 없는 일을 하더라도 영어는 필수적으로 해야 한다.

영어를 잘하면 새로운 가능성과 기회가 훨씬 더 많아진다.

영어가 하기 싫고 안 된다고 계속 피하다가 언제 영어로 발목을 잡힐지 모를 일이다.

인생에는 변수가 너무 많다.

이미 영어를 극복했다는 마인드를 가지고 여러분도 반드시 성취해내기를 바란다.

영어로 당신의 인생도 역전할 수 있다!

최단루트 영어공부법

초판 1쇄 인쇄 2023년 4월 21일
초판 1쇄 발행 2023년 4월 27일

지은이 신다혜
펴낸이 이태선
펴낸곳 창작시대사

등록번호 제2-1150호(1991년 4월 9일)
주소 경기도 고양시 일산동구 장백로 20 동문굿모닝힐 102동 905호 (백석동)
전화 031 970 5055   **팩스** 031-973-5385
이메일 changzak@naver.com

ISBN 978-89-7447-273-3 03190